숨 쉬는 모든 순간

말씀으로 드리는 기도

불안을 가라앉히고, 마음을 집중하며,
영을 새롭게 하라

제니퍼 터커 지음
전의우 옮김

아바서원

PRESENTED TO

FROM

숨 쉬는 모든 순간
말씀으로 드리는 기도

초판 1쇄 발행 2026년 1월 16일

지은이 제니퍼 터커
펴낸이 정선숙
펴낸곳 협동조합 아바서원
등록 제 274251-0007344
주소 경기도 고양시 덕양구 향동로217 DMC플렉스데시앙 B1523호
전화 02-388-7944 **팩스** 02-389-7944
이메일 abbabooks@hanmail.net

ISBN 979-11-90376-92-1 (03230)

"너희는 다시 무서워하는 종의 영을 받지 아니하고 양자의 영을 받았으므로
우리가 아빠(아바) 아버지라고 부르짖느니라"(로마서 8:15)

엠마와 릴리에게

너희 엄마라는 사실이
내 인생의 가장 큰 기쁨이란다.

일러두기

- 원서의 'mindfulness'는 학술적 · 전문적 용어로는 '마음챙김'이나, 본서에서는 '마음 채움'으로 번역했다.
- 본문에 사용된 한글 성경은 대한성서공회에서 발행한 개역개정판이며 다른 번역을 사용한 경우에는 따로 표시했다.

차례

서문

안도의 숨을 쉬어도 좋다.

당신은 알 수 있다. 두 손 모아 기도하는 순간, 무기를 들 때보다 더 큰 혁명이 시작된다. 이 혁명은 당신의 마음에서 시작된다.

혁명은 바로 거기서 당신의 다음 심장 박동과 함께 시작된다.

간절한 부르짖음은 당신을 즉시 하나님의 임재 안으로 인도한다. "나는 하나님께 외쳤다. 나의 하나님을 소리쳐 불렀다. 그랬더니 하나님께서 그분의 왕궁에서 들으셨다. 내 부르짖음을 들으시고 나를 그분 앞에 불러주셨다. 나를 독대해 주셨다!"(삼하 22:7, 메시지). 당신의 기도는 절박한 부르짖음에 그치지 않는다. 기도는 당신을 옮겨놓으며, 이것이 가장 중요하다. 기도는 당신을 하나님 앞으로 곧바로 옮겨놓고, 당신은 하나님의 인자한 얼굴을 마주한다. 당신의 모든 호흡이, 들숨과 날숨이 하나님의 이름을 말하고 그분을 부른다. **야훼, 야훼.**

우리를 지으신 분께서
이루게 하시리니
우리 이루리라.

호흡마다, 순간마다, 아침마다, 계절마다, 걸음마다, 본향과 그분께 조금씩 더 가까워지며 이루리라.

삶의 무게에 짓눌려 숨이 턱턱 막힐 때, 기도는 한결같고 든든한 하나님의 손을 붙잡는 방법이다.

당신은 해낼 것이다. 달라지길 간절히 바랐던 이야기를 호흡할 것이다. 기도를 호흡하는 법을 배우면 삶의 모든 산통에서 평안이 태어날 것이다.

기도의 진짜 목적은 하나님을 설득해 우리가 원하는 일을 하시도록 하는 것이 아니라 하나님이 이미 하시는 일을 깨닫고 그분의 구속 사역에 참여하는 것이다. 기도는 뒤집는 일이다. 기도는 눈에 보이는 것이 일어나는 일의 전부라는 거짓말을 받아들이길 거부하고, 그 일의 이면에서, 모든 과정을 통해, 하나님이 혁명적 구속 사역을 여전히 거침없이 행하고 계심을 믿는 것이다.

찰스 스펄전은 이렇게 말한다. "우리로 기도하게 하는 것은 무엇이든 축복이다." 이 진리를 증언할 수 있는 두 친구로서, 두 어머니로서, 왕 중의 왕의 두 딸로서, 젠 터커와 나는 꽤나 고통스러운 영혼의 밤을 오랫동안 함께 헤쳐 나왔다. 서로 곁에 있어 주고, 함께 무릎 꿇으며, 함께 슬퍼하고, 함께 기도를 호흡하며, 서로를 위해 기도했다. 우리의 힘든 것을 하나님께 내어놓을 때, 그 힘든 것이 거룩한 것이 되었다.

젠은 진정한 말씀의 사람이다. 젠은 하나님이 신실하시고 소통하시는 분이며, 하나님과 친밀하게 대화하고 날마다 그분의 음성에 귀 기울이면 위기 속에서도, 아니 위기 속일수록, 하나님과 깊이 교제하게 된다는 것을 믿는다. 젠은 모든 지친 사람을 이 깊고 친밀한 기도의 여정으로 초대한다. 이 기도는 젠 자신이 깊은 골짜기를 지나며 터득한 것이다. 그녀는 누구보다 친절한 안내자요 지혜로운 동반자이며, 긴 여정에서 걸음마다 당신과 함께 기도를 호흡할 것이다.

당신이 고통스러운 시련을 겪으며 구불구불한 길을 갈 때, 젠은 당신의 손을 부드럽게 잡고, 깊이 호흡하며 어둠 속에서 고개를 들고 이오나의 콜룸바(Columba of Iona)처럼 기도하는 법을 보여줄 것이다.

"오 하나님,
오늘, 오늘 밤, 그리고 영원히
내 앞에서 밝은 불꽃이 되어주시고,
내 위에서 인도하는 별이 되어주소서.

내 아래에서 평탄한 길이 되어주시고,
내 뒤에서 친절한 목자가 되어주소서.
나의 하나님, 오직 주님과 함께
나의 길을 갑니다.
밤과 낮의 주인이신 주님께서
곁에 계시니 나 무엇을 두려워하리오?
무수한 사람이 나를 두를 때보다
주님 손안에 있을 때 더 안전합니다.
아멘."

무엇이 당신을 둘러싸고 있든, 당신의 호흡보다, 심장 박동보다 하나님이 당신을 더 가까이 둘러싸고 계신다.

짧은 기도, 곧 호흡 기도는 당신의 마음을 점점 부드럽게 만들어 하나님의 손에 내어 맡기게 한다. 당신의 마음을 하나님의 손에 가만히 내어 드릴 때, 혁명이 일어나 모든 것이 자유를 얻고 모든 두려움에서 진정으로 해방된다. 사랑 자체이신 분이 여기 계신다.

호흡하라.

기도하라.

호흡하라.

기도하라.

기도의 삶은 평안의 삶이다.

당신의 다음 호흡이 하나님께 나아가는 길일 수 있다. 그 길을 통해 당신은 그분 안으로, 지금껏 알지 못했던 더없이 깊은 평안으로 들어간다.

앤 보스캠프 Ann Voskamp

들어가며

호흡 기도란 무엇인가?

새벽 2시가 되어가는 즈음, 딸이 애틀랜타의 한 아동병원 응급실에서 4층 입원실로 옮겨졌다. 조그마한 창문 밖으로, 도시의 불빛이 밤의 검은 베일에 구멍을 내고 침대 위 벽에 그림자를 드리웠다. 너무 큰 병원 가운이 지친 아이의 몸에 헐겁게 덮여 있었고, 아이의 가슴에서 뻗은 여러 전선이 침대 옆 모니터에 이어져 있었으며, 모니터 화면은 아이의 심장 박동에 맞춰 깜빡거렸다. 나는 아이의 손을 잡고 있었고, 아이는 잠이 들었다. 벽에 바싹 붙은 딱딱한 비닐 소파가 내 침대가 되었고, 간호사는 옆에 앉아 15분마다 상태를 확인해 주었다. 병원 침대에 누워 있는 소중한 딸이 너무나 작고 연약해 보였다. 아이는 우리가 생각했던 것보다 훨씬 더 아팠으며, 나는 이 위기에 압도되고 휘청댔다.

그 어두운 병실에 누웠을 때, 아픔과 무력감에 눈물이 왈칵 쏟아졌다. 익숙한 불안의 징후들이 내 몸을 뒤덮기 시작했다. 가슴이 점점 조여들고 무거웠으며, 애써 숨을 고르는 동안 두 손이 떨리기 시작했다.

나 자신이 작게 느껴졌고, 무서웠으며, 너무나 외로웠다.

기도하려 애썼다. 그러나 마음은 염려와 두려움으로 가득했다. 말을 잃었다.

할 말이 없었다. 기도할 게 없었다.

소망을 붙잡고 숨을 헐떡이는데 기억이 났다. **기도할 말이 없을 때라도, 떨리는 호흡이 전부일 때라도, 붙들고 기도할 수 있는 말씀이 있다.**

몇 달 전, 나는 호흡 기도에 관해 처음 읽고 매료되었다. 몇몇 호흡 기도를 기록했고 마음에 간직했었다. 그리고 몇 달이 지난 지금, 그 기도 가운데 하나가 갑자기 떠올랐다. 시편 23편의 몇 마디를 짧게 두 줄로 나눠놓은 것이었다. 심호흡을 했다. 들숨에 "여호와는 나의 목자시니"라는 말씀에 집중했고, 날숨에 "내게 부족함이 없으리로다"라고 속삭였다. 다시 숨을 깊이 들이마시며 "여호와는 나의 목자시니"라는 말씀에 생각을 집중했고, 뒤이어 숨을 내쉬며 "내게 부족함이 없으리로다"라고 속삭였다.

호흡과 성경 말씀에 집중하자, 내 몸이 차분해졌고 내 영이 진리를 깨달았다. 내 환경이 어떠하든 절대 변하지 않을 진리다. "여호와는 나의 목자시니." 여기 이 병원에서, 여러 모니터에 줄줄이 연결된 딸 옆에서도 이것은 진리다. 이곳, 어둠 속에서도, 내게는 그분이 계시기 때문이다. 그분은 선한 목자다. 그분은 우리를 다정하게 인도하시며, 우리가 상처입고 연약할 때 우리를 붙잡아주신다. 밤새도록 우리를 지키고 보호하신다. 그분은 내게 필요한 전부이며, 나는 부족함이 없다.

이 단순한 기도에, 나의 염려와 두려움이 가라앉았다. 이 깊은 호흡에, 몸에 나타났던 불안의 징후들이 사라졌다. 이 기도가 내 생각을 그리스도와 나를 향한 그분의 사랑에 집중하는 데 도움이 되었고, 나는 새로운 평안을 느끼며 잠들었다.

뒤이은 몇 주 동안, 밤낮 그 작은 병실에서 딸 곁에 앉아 일부러 느리게 호흡하면서 짧은 성경구절들을 되뇌고 또 되뇌며 리듬에 맞춰 말씀을 들이쉬고 내쉬길 반복했다. 나의 하루하루가 호흡 기도로 채워졌다. 때로는 감당할 수 없을 만큼 마음이 무너지고 불안이 심장을 쥐어짜는 듯할 때면, 느리게 호흡하며 병원 복도를 오가면서 짧은 기도문을 한결같은 은혜의 리듬처럼 되뇌었다. 그러다 보면 몸이 차분해졌고 평안이 다시 찾아왔다.

호흡 기도가 그 몇 주 동안 나를 바꿔놓았다. 그대부터 내가 캄캄하고 힘든 날들을 지날 때마다, 호흡 기도는 늘 생명줄이었다.

호흡 기도는 내게 위로가 되었다. 극심한 불안의 순간만이 아니라 그 어떤 날에도, 내 가슴에 중요한 진리를 새기도록 돕고 마음에 평안의 길을 닦아주어, 내 몸과 영혼에 힘을 주었다.

이 책을 쓴 까닭은 그 병실의 벽이 나를 죄어오고 숨을 쉬려 몸부림쳤으나 어떻게 기도해야 할지 몰랐을 때, 이것이 나에게 필요한 책이었기 때문이다. 염려와 불안이 계속해서 나를 짓누르고 앞날이 불확실하기에, 이것은 오늘 내게 필요한 책이기도 하다. 쉽게 불안해하는 내 영혼의 기도를 담은 이 책을 당신의 영혼에게 조심스럽게 내어놓으면서, 이 책이 단순하지만 강력한 호흡 기도의 방법을 알려주는 다정하고 따뜻한 안내자가 되길 바란다. 당신의 마음과 몸이 지금 어떤 상태든, 당신이 어떤 이유로 이 책을 폈든, 책의 페이지를 넘기며 은혜를 발견하게 되길 바란다. 호흡 기도를 통해, 당신을 지으시고 사랑하시는 하나님, 당신을 구해내시고 구속하시는 하나님, 당신이 어떻게 느끼고 있든 언제나 당신과 함께하시는 하나님과 훨씬 더 깊은 연결로 들어가는 문이 열리길 바란다.

호흡의 과학과
하나님의 말씀으로 기도하는
훈련이 손을 잡고 당신의 몸이
진정되고 당신의 마음이
다시 그리스도를 향하게
하도록 도울 수 있다.

호흡 기도에 대한 이해

호흡 기도는 불안을 가라앉힐 수 있는 강력한 두 도구를 결합한다. 깊은 호흡의 과학과 하나님의 말씀을 묵상하는 기도다.

우리는 흔히 과학과 신앙이 서로 충돌하며 대립하는 힘인 것처럼 둘을 분리하려는 경향이 있다. 그러나 사실, 뇌와 몸의 과학은 하나님의 말씀과 전혀 모순되지 않는다. 오히려 과학은 하나님의 말씀을 한층 더 확증해 줄 뿐이다.[1] 하나님이 우리의 몸을 창조하고 디자인하셨기 때문이다.

당신의 배경에 따라, 호흡을 활용한 기도나 묵상(명상) 개념이 처음에는 선뜻 받아들이기 힘들 수도 있다. 산속에서 명상하는 신비주의자가 떠오를 수도 있고, 뉴에이지 수련방식처럼 들릴 수도 있다. 많은 종교와 영성 훈련이 이런저런 형태의 묵상(명상)과 호흡법을 사용한다. 그러나 호흡 기도는 다르다.

호흡 기도는 깊은 호흡 훈련과 하나님의 말씀을 묵상하는 기도를 결합해, 마음이 진리에 초점을 맞추는 동안 몸이 진정되도록 돕는다.

호흡 기도는 불안 치료제가 아닐뿐더러 전문 의료나 치료의 대체물도 아니다. 그러나 호흡 기도는 정신 건강 도구함에 추가되는 강력한 도구일 수 있다. 우리는 모두 평생 이런저런 불안을 경험한다. 호흡 기도를 꾸준히 실천하면, 불안에 반응하는 방식이 달라질 수 있고, 자주 마주하는 두려움과 염려의 거센 파도를 헤쳐나갈 때 깊고 한결같은 평안을 경험할 수 있다.

불안과 몸

걱정(염려)과 불안은 사람이면 누구나 경험한다. 걱정은 우리의 마음에 둥지를 틀고, 흔히 삶의 특별한 사건이나 상황에 관한 우리의 생각과 염려를 먹고 산다. 우리는 누구나 걱정한다. 그러나 어떤 사람들은 다른 사람들보다 더 크게 걱정한

호흡 기도

긍정 [호흡 기도는 다음과 같다.]	부정 [호흡 기도는 다음과 같은 것이 아니다.]
• 짧고 대부분 한 문장이다. • 뿌리가 성경에 있다. • 호흡의 리듬에 맞추어, 전반부는 들숨에 기도하고 후반부는 날숨에 기도한다. • 기도에 능동적으로 참여하고 기도 내용을 숙고해 하나님의 말씀을 묵상하려고 여러 차례 반복한다. • 마음 채움(mindfulness), 곧 마음을 그리스도께 집중하고 그분의 말씀으로 채우는 것이다. • 위, 곧 하나님을 향한다.	• 뉴 에이지, 인본주의, 자기 치유 의식이 아니다. • 뿌리가 동양의 영성이나 이교도 의식에 있지 않다. • 모든 불안의 치료법이 아니다. • 모든 생각을 지우고 한 단어나 문구를 그 모든 의미조차 사라질 때까지 반복하기 위한 '만트라 명상'이 아니다. • 마음 비움(mindless), 곧 내적 평화를 얻으려고 마음 비우기에 집중하는 게 아니다. • 내면 곧 자아를 향하지 않는다.

다. 자녀를 걱정하고, 건강을 걱정하며, 인간관계를 걱정하고, 직장을 걱정하며, 미래와 아직 일어나지 않은 일까지 걱정한다. 삶은 마음을 걱정으로 채울 수 있는 스트레스 상황으로 넘쳐난다. 많은 사람에게, 걱정은 더 강한 불안으로 이어지곤 한다. 걱정과 불안은 서로 연결되어 있다.[2] 그러나 걱정이 주로 마음에 터를 잡는 것이라면, 불안은 그 걱정을 몸에 짊어지고 있는 상태라고 할 수 있다. 불안

은 갖가지 신체 증상으로 나타나며, 이 증상은 매우 불편할 수 있다.

우리의 몸이 다양한 감정과 스트레스 상황을 처리하는 방식은 우연의 산물이 아니다. 하나님이 우리의 몸을 정교하게 연결되는 방식으로 설계하셨다. 그러므로 몸이 불안을 경험하는 방식을 이해하는 것이 불안을 가라앉히는 방식을 이해하는 첫걸음이다.

자율 신경계는 교감 신경계와 부교감 신경계로 구분되며, 뇌를 모든 내장 기관과 연결하고 스트레스와 불안에 대한 반응을 비롯해 몸의 무수한 기능을 자율적으로 조절한다.[3]

몸이 위험을 감지하면 교감 신경계가 작동한다. 교감 신경계는 가속 페달처럼 작동해 우리의 내부 시스템을 활성화해 반응을 유도한다.[4] 심장 박동이 빨라지고, 호흡이 가빠지며, 투쟁이나 도피 반응이 일어난다. 일련의 복잡한 반응이 거의 동시에 일어나며,[5] "감정 뇌"(편도체)가 "사고 뇌"(전전두피질, 전두엽의 앞부분을 덮고 있는 대뇌피질)를 장악하고 건너뛰며,[6] 따라서 생각을 합리적으로 처리하고 균형 잡힌 시각을 유지하기가 매우 어려워진다. 두려움 같은 강렬한 감정을 느낄 때 생각하기가 어렵다는 것을 감지한 적이 있는가? 이런 순간에, 당신은 순전히 본능에 따라 반응한다. "직감적" 반응이 지배하고, 당신은 통제력을 조금 잃었다는 느낌마저 들 것이다. 이것은 설계된 대로 실행된 것이며, 실제로 위협 앞에서는 아주 유익한 작동 방식이다.

감지된 위험이 지나가면, 부교감 신경계가 상황을 장악하고 제동 장치처럼 작동해 심장 박동을 늦추고[7] 호흡을 가라앉힌다. 부고감 신경계에서, 대다수 경로는 두 신경을 지나는데, 이 둘을 합쳐 미주 신경이라고 한다. 미주 신경은 뇌간에서 몸 전체에 뻗어 있으며 취득한 정보를 모든 장기에서 뇌로 전달한다. 미주 신경이 활성화되면, 뇌는 이제 진정할 때라는 신호를 포착하고 몸의 자연스러운 "휴식과 소화", "회복과 치료" 기능이 작동하기 시작한다. 몸이 안정되고 합리적으로 생각하는 능력이 회복된다.[8]

주의: 불안과 불안장애는 다르다(불안은 누구나 경험하지만, 불안장애는 인구의 약 20퍼센트에 영향을 미친다).[9]

불안은 불편이나 걱정을 느끼는 일시적 감정으로, 구체적 원인이 있으며, 증상은 일반적으로 원인에 비례한다. 통제할 수 있는 것들과 그럴 수 없는 것들과 관련된 걱정, 스트레스, 두려움으로 인한 불안을 누구나 경험한다. 불안은 정상적인 인간의 경험이다.

불안장애는 다르다. 불안장애가 있는 사람들은 상황에 비해 강도가 과도하고, 지속적인 만성 불안을 경험한다. 이들은 구체적 원인 없이 불안을 경험할 수도 있다. 불안장애는 아주 다양하며, 저마다 신체적·인지적 증상이 다르다. 방치하면, 불안장애는 시간이 갈수록 악화해 일상생활에 심각한 영향을 미칠 수 있다.

이 책에서 말하는 불안은 일반적이고 일상적인 불안이다. 이 책은 의학적 상태나 심리적 상태를 진단하거나 치료하기 위한 안내서가 아니다. 심한 불안과 싸우고 있거나 그 외에 정신 건강 증상 때문에 일상생활에 지장이 있다면, 꼭 전문가에게 도움을 구하길 바란다. 정신 건강을 관리받는 것은 부끄러운 일이 아니다. 정신 건강의 어려움은 나약함의 표시도 아니고 믿음이 부족하다는 증거도 아니다. 타락한 우리의 몸을 구성하는 여느 기관처럼, 뇌 또한 복잡하며 질병과 장애에 취약하다.

절망을 느끼거나 자살을 생각하고 있다면 즉시 자살 예방 상담 전화 109번으로 전화해 도움을 받길 바란다. 괜찮지 않아도 괜찮다. 그러나 꼭 도움을 받길 바란다. 혼자 고민하며 괴로워하지 않아도 된다.

이 모두는 우리의 몸이 위험을 마주할 때 신속하고 효율적으로 반응할 수 있도록 하나님이 몸을 설계하신 복잡한 방식의 일부다. 산길을 가다가 갑자기 곰을 만나 신속하게 행동해야 하는 상황에서, 이 시스템은 훌륭하게 작동한다. 그러나 실제로 위험하지 않은 상황에서는 이 시스템이 그다지 도움이 되지 못한다.

우리는 타락한 세상에서 불완전한 몸으르 살아간다. 지금 우리의 몸은 하나님이 처음 설계하셨을 때처럼 완벽하게 통합된 상태가 아니라 죄와 죽음의 결과로 "해체되어" 있어[10] 조절장애에 취약하다. 그 결과로, 불안을 조절하는 자연스러운 과정이 자주 균형을 잃기도 한다. 때때로 고감 신경계가 실제로 유효하지 않은 위협에 반응한다. 우리의 걱정과 두려움이 늘 실제 위험에서 비롯되는 것은 아니며, 우리의 스트레스 반응은 실제 위협이 없을 때 과잉 반응을 보여 투쟁이나 도피를 준비하기도 한다. 또 어떤 경우에는 고감 신경계가 기본 상태로 돌아가지 않고 필요 이상으로 길고 크게 활성화된 상태를 유지하기도 한다. 이런 경우, 부교감 신경계가 활성화가 덜 되어 불안감에 효과적으로 "브레이크를 밟을" 수 없게 된다.

교감 신경계와 부교감 신경계가 균형을 이루는 것이 감정 조절의 중요한 단계다. 이 부분에서 의도적 호흡이 도움이 된다. 호흡은 불안의 신체 증상을 가라앉히고 신경계 내부의 균형을 회복하는 한 방법이다.

호흡: 뇌와 몸을 잇는 다리

"호흡은 뇌와 몸을 잇는 다리다." 정신과 의사 존 보콕(John Bocock)을 처음 만났을 때, 이 말을 처음 들었다. 우리 딸은 그보다 일 년 전쯤에 범불안장애 진단을 받았고, 심한 공황 발작을 자주 일으켰다. 닥터 보콕은 전문가로서 무엇보다 호흡법과 호흡의 힘에 관해, 특히 호흡으로 불안을 조절하는 법에 관해 조언해주었다.

걱정이나 두려움 같은 감정이 신체의 스트레스 반응을 일으킬 수 있듯이, 신체 경험도 감정에 영향을 미칠 수 있다. 이 때문에, 중요한 신체 기능을 조절하는 것만으로 걱정을 가라앉히고 불안의 증상을 누그러뜨릴 수 있을 때가 많다. 그 중요한 신체 기능이란 바로 호흡이다.

호흡은 의식적으로뿐 아니라 무의식적으로 조절할 수 있는 몇 안 되는 신체 작용 가운데 하나다.[11] 의도적으로 심장 박동을 늦추거나 혈압을 조절할 수는 없다. 그러나 호흡은 조절할 수 있다. 의도적으로 느리고 깊게 호흡하거나 빠르고 얕게 호흡할 수 있다.

호흡은 부교감 신경계의 미주 신경과 직접 연결된다. 호흡을 바꾸면, 미주 신경이 뇌에 보내는 신호에 직접 영향을 미칠 수 있다.

《고통을 지나는 중입니다》(두란노 역간)의 저자 닥터 커트 톰슨(Curt Thompson)은 이렇게 말한다. "호흡을 조절함으로써, 뇌와 자율 신경계에 의도적으로 영향을 미치고, 말 그대로 마음-몸의 상태를 바꿀 수 있다. 호흡 패턴을 바꿈으로써, 뇌에 정보가 전달되는 패턴을 바꿀 수 있다. 바꾸어 말하면, 얼마나 자주, 얼마나 빨리, 얼마나 많이 폐를 채우느냐에 따라, 뇌와 뇌가 작동하는 방식이 직접 영향을 받는다."[12]

호흡은 우리의 뇌와 신경계를 해킹하는 방법이다!

꽃향기를 맡고, 촛불을 꺼라

깊은 호흡 운동은 호흡 요법이라고도 하며, 시간을 두고 훈련해야 효과를 볼 수 있다.

호흡 요법을 전혀 경험해 본 적 없다면, 미주 신경을 활성화한다고 입증된 세 가지 일반적 횡경막 호흡(복식 호흡)을 소개해 두었으니 참조하기 바란다. 횡경막 호흡법은 32쪽에, 구체적 예는 35쪽에 적어 두었다.

호흡 요법은 의도적 호흡에 초점을 맞춘다. 코로 느리고 깊게 숨을 들이쉬고 입으로 느리고 완전하게 숨을 내쉬는 과정이 중요하다. 흔한 표현이 이것을 기억하는 데 도움이 된다. "꽃향기를 맡고 촛불을 꺼라." "꽃향기를 맡을" 때처럼, 집중해서 숨을 깊이 들이쉬고 횡경막까지 완전히 채워 배가 완전히 부풀어 오르게 하라. 대다수 사람은 전형적으로 가슴을 부풀려 호흡을 하기 때문에, 횡경막 호흡은 얼마간 연습이 필요하다. 숨을 내쉴 때, 큰 생일 케이크의 촛불을 끈다고 상상하라. 모든 촛불을 다 끄겠다고 생각하며 숨을 내쉬는 시간을 늘려라.

이미 폭넓게 입증되어 있듯이, 이러한 호흡 요법은 꾸준히 실천할 때 효과가 크다. 스트레스 감소와 통증 관리에 도움이 된다.[13] 무수한 연구에 따르면, 호흡 요법은 불안과 우울증과 불면증에도 효과가 있을 뿐 아니라[14] 혈압을 낮추고, 심박 변이도와 산소 포화도를 높이며, 폐 기능을 강화하고, 심폐 지구력을 증진하며 호흡 근육을 키워준다.[15]

호흡 요법은 훌륭하다. 그 효과는 부정할 수 없다. 그러나 호흡 요법만으로는 부족하다. 호흡 요법은 우리의 가장 깊은 필요를 채워주지 못한다.

호흡 기도는 영적 훈련이다

수 세기 동안, 사람들은 호흡 요법을 묵상(명상)과 마음 채움 같은 영적 훈련에 활용해 왔다. 호흡을 몸뿐 아니라 마음과 영혼과도 연결하며, 호흡 요법은 단순히 신체적 경험이 아니라 영적 경험이 되었다. 이러한 훈련들의 다수는 흔히 평안을 찾으려고 마음을 **비우려** 하거나 자신의 **내면**을 들여다보려 한다. 이러한 기법들은 얼마간 유익하지만, 그리스도와 우리를 향한 그분의 사랑을 중심에 두지 않는 마음 채움과 묵상은 제대로 꽃필 수 없다. 이러한 기법들은 몸이 스트레스의 신체 증상에서 잠시 벗어나는 데 도움이 될 수는 있겠으나 영혼이 갈망하는 그리스도와의 더 깊은 관계로 이어지지 못한다.

그리스도인의 묵상은 평안을 얻으려고 하나님의 말씀으로 마음 **채우기**이며,

자신의 내면 들여다보기가 아니라 **하나님** 바라보기다.

호흡 기도를 단순한 호흡 요법 및 마음 채움과 구분 짓는 중요한 요소는 **기도**다.

기도는 모든 변화의 열쇠다.

이미 살펴보았듯이, 호흡은 뇌와 몸을 잇는 다리다.

마찬가지로, 기도는 하나님과 그분의 백성을 잇는 다리다. 죄는 우리와 하나님 간의 친밀한 연결 고리를 끊었다. 그리스도께서 자신의 죽음과 부활을 통해 이 연결 고리를 회복하셨으며, 우리가 하나님을 알 수 있는 길을 내셨다. 그래서 이제 우리는 기도를 통해 하나님께 직접 나아갈 수 있다.

기도는 우리의 마음과 하나님의 마음을 잇는 다리다. 기도는 우리의 영적 호흡과 같다.

- 호흡은 리듬, 곧 들숨과 날숨의 박자가 있다. 기도도 리듬, 곧 하나님의 은혜를 들이쉬고 우리의 두려움을 내쉬는 박자가 있다.
- 호흡은 신경계를 재설정하고 재조정하는 데 도움이 된다. 기도는 당신의 영혼을 재설정하고 재조정하는 데 도움이 된다.
- 깊은 호흡은 뇌와 몸을 진정시킨다. 기도는 마음과 영혼을 진정시킨다.

기도할 때, 우리는 하나님의 임재와 사랑의 진리를 들이쉬고 하나님의 선하심과 은혜를 들이마신다. 그리고 우리의 무거운 두려움과 불안을 내쉬고 우리의 모든 염려와 바람을 하나님께 맡긴다.

호흡법만으로도 도움이 될 수 있다. 그러나 호흡법이 기도와 연결될 때, 특히 스트레스 상황에서, 뇌와 몸과 마음과 영혼을 연결하는 강력한 도구일 수 있다. 호흡 기도는 당신과 당신의 창조자를 연결하고 당신의 호흡을 하나님의 은혜의 리듬에 맞추면서 불안을 가라앉히는 데 도움이 된다.

불안할 때, 우리는 자신과 자신의 감정과 그 감정이 일으키는 불편함에 초점을 맞춘다. 호흡 기도에서, 우리는 생각의 방향을 조정해 그리스도께 맞추며, 우리의 감정이 아니라 그리스도께서 우리의 초점이 되신다.

호흡 기도는 불안할 때 당신의 생명줄이 될 수 있고, 당신을 지으셨고 사랑하시며 언제나 당신과 함께하시는 분께 당신의 마음을 의도적으로 맞춰 재조정하는 순간, 훨씬 더 깊은 기도의 삶으로 들어가는 문이 될 수 있다.

불안이 당신의 믿음을 가로막는 걸림돌이어야 할 필요는 없다.

곰에게 공격을 받거나 실제 위협을 마주하고 있는 경우가 아니라면, 불안은 단지 속도를 늦추고 깊이 호흡하며 그 순간에 생각하고 느끼는 것에 집중하라는 신호일 수 있다. 불안을 느낄 때, 공포의 소용돌이에 빠져들 필요는 없다. 대신에 불안을 느낄 때, 기도로 그리스도를 향할 수 있다. 불안이 밀려올 때, 시간을 갖고 속도를 늦추며 호흡하라. 이 책에 실린 호흡 기도를 길잡이 삼아 호흡하며 기도하거나 당신의 말로 하나님께 기도하고 당신의 염려를 그분께 맡기며 그분이 주시는 평안의 호흡(숨결)을 받아들여라.

깊이 들이쉬어라. 하나님이 당신에게 호흡을 주신다. 하나님이 당신에게 필요한 모든 것을 주실 것이다. 지금 당장은 상황이 괜찮다고 느껴지지 않을 수 있겠지만, 그래도 괜찮다. 하나님이 여전히 당신과 함께하시기 때문이다.

천천히 내쉬어라. 서두르지 않아도 된다. 하나님이 주관하신다. 하나님은 자신이 무엇을 하고 계신지 아신다. 당신은 안전하게 보호받고 있으며, 사랑받고 있다.

불안이 가라앉고 몸과 뇌가 안정되며 영혼과 마음이 그리스도와 당신을 향한 그분의 사랑에 다시 맞춰질 때까지, 호흡 기도를 필요한 만큼 되풀이하라.

불안에 대해 이렇게 반응할수록, 이러한 반응은 점점 자연스럽고 자동적인 반응이 되어 간다. 이런 변화는 하룻밤에 일어나지 않는다. 더 의미 있는 결과를 얻으려면, 시간을 두고 반복해서 훈련해야 한다. 호흡 기도를 훈련하면, 실제로 뇌의 신경망이 변하기 시작한다. 과학에서는 이것을 '신경가소성'이라 한다. 다시 말해, 뇌는 역동적 기관이며, 학습하고 성장하며 새로운 것을 경험할 때 실제로 변화되어 새로운 형태가 될 수 있다.

나는 이것을 당신이 말 그대로 "마음을 새롭게 함으로 변화를 받는" 놀라운 예라고 생각하고 싶다(롬 12:2). 우리가 의도적으로, 한결같이 그분을 향할 때, 하나님은 우리를 안에서부터 변화시키신다.

기도를 통해 생각을 진리이신 분을 향하게 하고 마음을 그리스도께 재설정함으로써, 당신은 성령께서 하시는 일에 참여하게 된다. 그리고 그 과정을 통해 "하나님께서 당신의 생각하는 방식을 바꾸셔서 당신을 새 사람으로 바꾸시도록" 자신을 내어드리게 되는 것이다(롬 12:2, NLT).

하나님은 오직 한 분이십니다.
하나님과 우리 사이를 중재하는
제사장도 한 분이시니, 그분은 다름 아닌
예수이십니다. 예수께서는 죄에
사로잡힌 모든 사람을 대신해 자기를
내어주시고, 그들을 자유롭게
해주셨습니다.

디모데전서 2:5-6(메시지)

당신은 두려움과 걱정이 넘쳐나는 불안한 삶을 위해 창조되지 않았다. 당신은 그리스도를 통해 변화되고 마음이 날마다 새로워지는 평안과 기쁨이 넘쳐나는 풍성한 삶으로 초대받았다.

불안은 당신이 싸워 이겨야 할 원수가 아니다. 불안은 속도를 늦추고 그리스도를 당신의 분투에 초대하며, 그분의 임재 안에서 깊이 호흡하고 그분의 평안이 당신의 모든 상처에 스며들도록 초대할 기회다. 이 책에 실린 호흡 기도를 훈련하길 바라며, 이것을 매일의 습관으로 삼아보기를 권한다.

호흡 기도를 한 주, 한 달, 혹은 석 달만 실천해 보고, 이 훈련이 당신의 불안에 어떤 영향을 미치는지 보라. 호흡 기도가 당신이 몸에서 느끼는 증상에 어떻게 영향을 미치는지, 당신의 영에 그리고 당신과 하나님의 관계에 어떻게 영향을 미치는지 살펴보라. 속도를 늦추고 매일, 특별히 불안하지 않은 날에도 5분만 집중해 깊이 호흡하고, 당신을 일깨우시는 하나님의 음성에 귀 기울여 보라. 오늘도, 그리고 영원히, 당신이 안전하며 그분이 당신을 알고 사랑하며 붙잡으신다고 말씀하신다.

호흡 기도의 기본

호흡 기도는 잠시 속도를 늦추고, 고요히 머물며,
호흡할 수 있다면 언제 어디서라도 가능하다.

1 호흡하라

코로 **숨을 천천히 깊게 들이쉬라.** 폐가 가득 차는 것을 느껴보라.
폐의 아랫부분(횡경막)까지 숨을 깊이 들이쉬어, 위쪽 가슴은 가만히 있고 복부가 부풀게 하라.

숨을 천천히 내쉬어라. 폐를 완전히 비워라.

호흡이 느리고 안정된 리듬을 찾게 하면서 몇 차례 **반복하라.**

2 기도하라

들숨: 천천히 호흡을 이어가며 기도하라. 기도의 "들숨" 부분을 읊조리며 폐를 천천히 채워라.

날숨: 기도의 "날숨" 부분을 말하면서 폐를 천천히 비워라.

기도의 리듬에 맞춰 호흡하면서 기도의 내용을 **묵상하라.**

3 반복하라

천천히 들이쉬고 내쉬면서 호흡 기도를 적어도 1분 동안 반복하라.

점차 5분까지 늘려보라.

어떻게 작동하며, 왜 하는가?

호흡 기도는 깊은 호흡 훈련과 하나님의 말씀을 묵상하는 기도를 결합한다. 느리고 깊은 호흡은 부교감 신경을 활성화해 심장 박동을 늦추고 몸을 진정시키며, 기도는 마음이 그리스도께로 향하게 하고 생각이 진리에 집중하게 하며 영혼이 안정을 찾게 한다.

inhale

꽃향기를
맡고
촛불을
꺼라

exhale

호흡 기도는 잠시 속도를 늦추고,
고요히 머물며, 호흡할 수 있다면
언제 어디서라도 가능하다.

breathe

호흡 기법

365

하루 3회 반복하고, 분당 6회 호흡하며, 5분간 지속하라.

- 코로 **5초** 동안 숨을 천천히 들이쉬라.
- 입으로 **5초** 동안 숨을 천천히 내쉬라.
- 이 과정을 **5분** 동안 반복하라.

4-7-8 (이완 호흡)

- **4**초 동안 코로 숨을 천천히 들이쉬라.
- **7**초 동안 숨을 멈춰라.
- **8**초 동안 입으로 숨을 완전히 내쉬라.
- 이 과정을 세 번 더 반복해 모두 네 번 호흡하라.

사각 호흡

("박스 호흡"이라고도 한다)

- **4**초 동안 코로 숨을 천천히 들이쉬라.
- **4**초 동안 숨을 멈춰라.
- **4**초 동안 입으로 숨을 천천히 내쉬라.
- **4**초 동안 숨을 멈춰라.

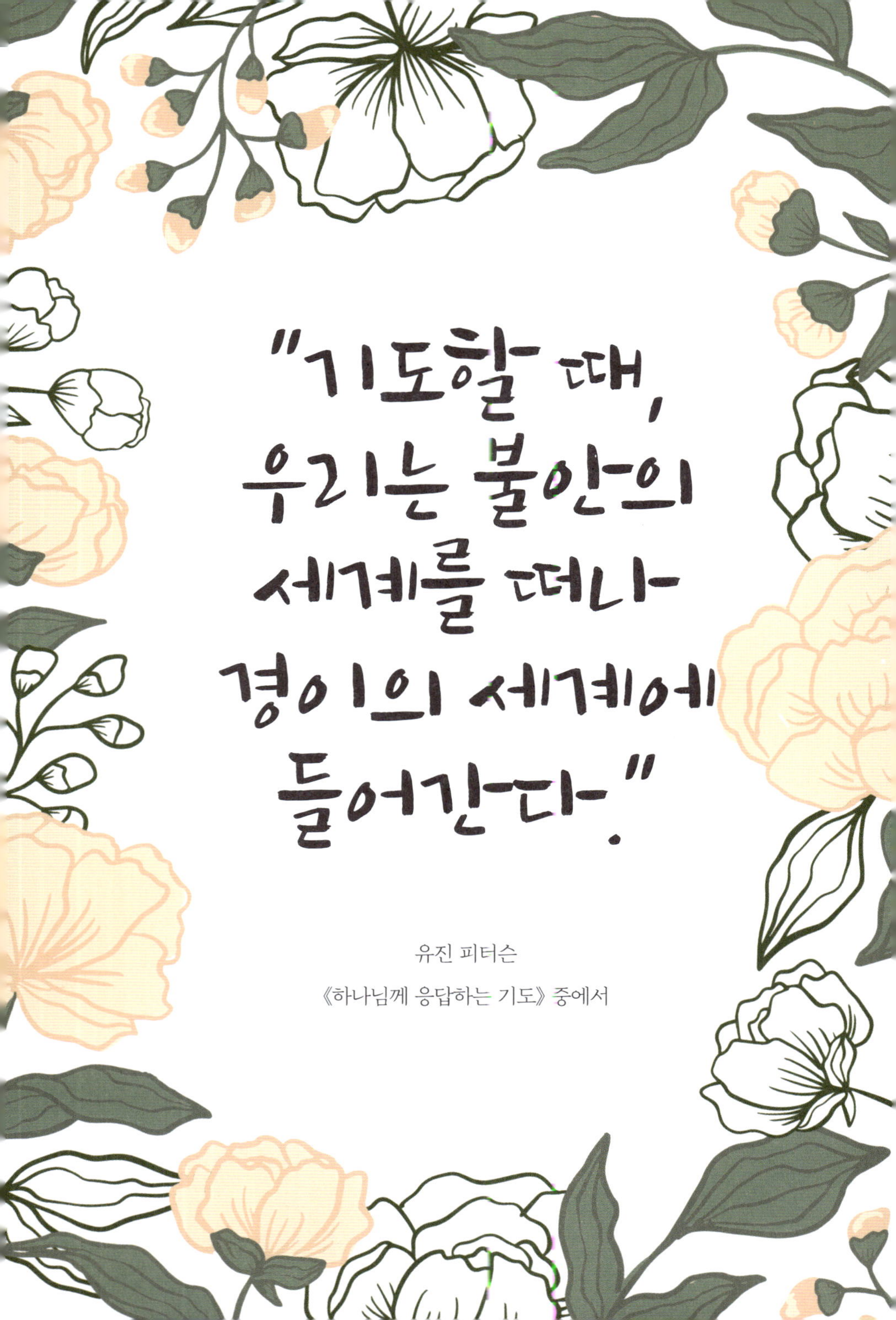
"기도할 때,
우리는 불안의
세계를 떠나
경이의 세계에
들어간다."
유진 피터슨
《하나님께 응답하는 기도》 중에서

호흡 기도의 주제

신뢰의 기도
당신의 삶을 하나님께
내어 맡겨라

사랑의 기도
변치 않는 하나님의
사랑 안에 거하라

복종의 기도
당신의 염려를
하나님께 내어놓고
그분의 뜻에 복종하라

인도하심의 기도
하나님을 바라보고 따르며,
그분이 당신의 길을
인도하시도록 맡기라

도우심의 기도
당신을 도우시는
하나님을 의지하라

소망의 기도
소망을 굳게 붙잡아라

임재의 기도
하나님이 언제나
당신과 함께하심을 알라

평화의 기도
영혼의 평화를 경험하라

능력의 기도
당신에게 능력을 주시는
하나님을 신뢰하라

보호의 기도
하나님의 보호 아래
안전하게 쉬어라

감사의 기도
하나님의 선하심에 초점을
맞추고 그분께 감사하라

회개의 기도
죄의 무게에서 벗어나는
용서와 자유를 구하라

하나님은 당신의 목자다

깊이 호흡하며 새겨라: 선한 목자가 당신과 함께하신다.

그러므로 당신은 부족함이 없다.

하나님이 어떻게 우리를 사랑하고 돌보시는지 보여주며, 더없이 아름답고 위로가 넘치는 그림이 다양하다. 그 가운데 하나는 하나님이 목자로서 그분의 양 떼를 돌보시는 그림이다. 예수님도 우리에게 말씀하신다. “나는 선한 목자라 나는 내 양을 알고 양도 나를 안다”(요 10:14).

양 떼는 목자에게 완전히 의존한다. 길들여진 양은 길을 잃기 쉽고, 위험에 노출되기 쉬우며, 넘어지면 스스로 일어서지 못하고, 심지어 스스로 먹이와 물을 찾지 못할 수 있다. 그러나 사랑하는 목자의 보살핌과 인도를 받을 때, 양은 아름답고 푸른 초장으로 안전하게 이끌리고, 위험한 포식자로부터 보호받으며, 넘어질 때 일으켜 세워지고, 놀라 달아나거나 길을 잃더라도 무리에게로 다시 인도된다. 양은 실제로 목자의 얼굴을 알아보고 목자의 음성을 안다. 양은 목자를 신뢰하고, 필요한 전부를 목자에게 의존한다.

당신의 선한 목자이신 하나님은 오늘도 사랑으로 당신을 이끄시며 당신의 필요를 채우신다. 당신이 삶에서 어떤 상황에 처했든지 또는 어떤 길을 만났든지, 당신의 목자이신 하나님이 당신과 함께하신다. 그러므로 당신은 염려하거나 두려워할 필요가 없다. 목자 곁에 바싹 붙어있기만 하면 된다. 하나님과 함께하면, 당신의 모든 필요가 늘 채워질 것이다.

여호와는 나의 목자시니 내게 부족함이 없으리로다. 시편 23:1

들숨

여호와는 나의 목자시니

날숨

내게 부족함이 없으리로다.

하나님은 당신의 피난처다

깊이 호흡하며 새겨라: 당신은 혼자가 아니다.
하나님이 당신과 함께하시고, 당신을 도우시며,
당신에게 피난처를 마련해 주시고, 당신이 약할 때 힘을 주신다.

불안해서 많이 힘든가? 두려움과 염려가 몰려와 옴짝달싹 못 하는가? 온갖 생각이 도무지 그치질 않아 잠 못 들고 밤을 지새우는가? 누구나 이따금 이런 일을 경험한다. 삶에 도전이나 스트레스가 몰아칠 때는 더욱 아프게 경험한다. 그러나 이 모든 싸움에서 우리는 혼자가 아니다.

불안이 몰려오고 어려움이 에워쌀 때, 당신이 약하고 혼자라고 느낄 때, 예수님께 달려가라. 그분을 향해 돌아서라. 폭풍이 몰아칠 때, 예수님은 안전한 피난처요 은신처다. 당신이 약할 때 예수님은 당신의 힘이며, 당신이 어둠 속에서 비틀거릴 때 예수님은 당신의 손을 굳게 잡으신다. 당신이 어떤 시련이나 어려움을 마주하더라도, 예수님이 당신과 함께 계신다. 당신 곁에 계시며, 당신을 도우려 하신다. 당신은 혼자 겪을 필요가 없다. 그러니 어려움과 스트레스에 당황하거나 두려워하지 말고, 이런 감정을 신호로 받아들여 그리스도께로 돌아서고, 그분을 피난처 삼을 때 얻는 평안을 구하라.

하나님은 우리 피난처시요, 힘이십니다.
고통당할 때 바로 눈앞에 있는 도움이십니다.

시편 46:1(우리말 성경)

들숨

주님은 나의 피난처시요
힘이십니다.

날숨

고통당할 때 바로
눈앞에 있는 도움이십니다.

하나님은 당신의 방패다

깊이 호흡하며 새겨라: 하나님이 당신을 돕고 보호하신다는 확신 속에서, 당신은 방패이신 그분 뒤에서 안전하게 쉴 수 있다.

방패의 목적은 보호다. 방패는 방어의 최전선이며, 말 그대로 당신과 당신에게 몰아치는 위험 사이에서 장벽이 되어 공격을 차단한다. 원수가 당신에게 다가오려면, 먼저 방패를 뚫어야 한다.

우리는 스스로 방패를 세우는 데 뛰어나며, 삶의 아픔과 실망과 염려로부터 자신을 보호하려고 마음에 갑옷을 두른다. 그러나 가장 강한 방패라도 완벽하지 못하다. 우리가 만든 그 어떤 방패라도 충분히 강하지 못하다.

하나님은 당신의 완벽한 방패이자 힘이다. 당신은 강할 필요가 없다. 하나님이 더없이 강하시기 때문이다. 하나님은 당신을 보호하시고 당신의 힘이 되어주신다. 오늘 지쳐있는가? 삶의 공격과 염려의 포격에 뚫릴 거라 느끼는가? 하나님이 당신의 방패다. 하나님은 당신을 위협하는 그 어떤 원수보다 강하다. 원수가 그 어떤 무기를 휘두르며 당신에게 달려들어도 당신을 보호하는 하나님의 방패는 더없이 견고해 조금도 뚫리지 않을 것이다.

여호와는 나의 힘과 나의 방패이시니 내 마음이 그를 의지하여 도움을 얻었도다. 그러므로 내 마음이 크게 기뻐하며 내 노래로 그를 찬송하리로다.

시편 28:7

들숨
주님은 나의 방패이시니
날숨
내가 주님을 의지하여
도움을 얻습니다.

당신의 짐을 하나님께 맡길 수 있다

깊이 호흡하며 새겨라: 당신이 짊어지고 있는 짐을 내려놓아도 된다.
당신을 돌보시는 하나님을 온전히 신뢰해도 된다.

아주 흔하게, 불안은 우리가 짊어진 짐과 염려(걱정)와 곧바로 연결된다. 상황을 통제할 수 없고, 불확실성이 밀려들며, 미래가 흐릿할 때 느껴지는 그 마음을 우리는 잘 안다. 염려하고 염려의 무게에 짓눌리기가 너무나 쉽다. 마치 통제하기 어려운 본능처럼, 염려는 스트레스에 대한 자율 반응인 것처럼 보이도 한다.

그러나 진실은 아무리 염려해도 우리에게 아무 유익이 없다는 것이다. 염려하면 무슨 행동이라도 취한 듯 느껴질는지 모른다. 그러나 염려는 문제를 해결하거나, 결과를 예측하거나, 무거운 마음을 가라앉힌 적이 전혀 없다. 오히려 염려는 불안으로 이어지며, 불안은 스트레스 반응을 활성화해 몸의 균형을 무너뜨린다. 믿음의 사람들에게 염려는 결국 하나님의 돌보심과 공급하심에 대한 의심의 표현이다. 대신에, 성경은 우리에게 이렇게 하라고 말한다. “아무것도 염려하지 말고 다만 모든 일에 기도와 간구로, 너희 구할 것을 감사함으로 하나님께 아뢰라”(빌 4:6).

오늘, 당신은 어떤 짐을 붙들고 있는가? 무엇을 하나님께 내어놓고 그분의 보살핌에 맡겨야 하는가?

네 짐을 여호와께 맡기라 그가 너를 붙드시고
의인의 요동함을 영원히 허락하지 아니하시리로다.

시편 55:22

들숨

내 짐을 주님께
맡기니,

날숨

주님이
나를 돌보실
것입니다.

하나님의 사랑은 무한하다

깊이 호흡하며 새겨라: 당신을 향한 하나님의 사랑과
신실하심은 한계가 없다.

우리가 무엇을 하더라도 우리를 향한 하나님의 사랑을 멈춰 세울 수 없다. 그러나 우리는 종종 우리의 문제가 하나님보다 크다는 듯이 살아간다. 두려워하고 스트레스를 받으며, 염려하고 안절부절못한다. 우리는 하나님과 그분의 약속을 믿고, 하나님의 사랑이 그 무엇보다 높고, 크고, 강하다고 말할는지 모른다. 그러나 정말 그렇게 믿고 있을까?

오늘 솔직해지자. 당신은 하나님의 사랑과 신실하심(진실하심)에 어떤 한계를 두고 있는가?

그 어떤 검진 결과, 대인 관계, 일터의 스트레스 상황, 거절이나 배신, 죄나 잘못된 선택이 당신을 향한 하나님의 사랑이나 신실하심을 제한한다고 생각하는가?

정확히 말해 보라.

그게 무엇이든, 하나님은 그것보다 높고 하나님의 사랑은 그것보다 크다. 오늘, 이 기도의 진리를 숨 쉬고, 변치 않는 그분의 사랑 안에서 쉼을 누려라.

주님의 한결같은 그 사랑, 하늘보다 더 높고,
주님의 진실하심, 구름에까지 닿습니다.

시편 108:4(새번역)

들숨

주님의 한결같은 그 사랑,

날숨

하늘보다 더 높고

들숨

주님의 진실하심,

날숨

구름에까지 닿습니다.

하나님의 길이 가장 좋다

깊이 호흡하며 새겨라: 하나님의 길이 가장 좋은 길이고 완전한 길이다. 하나님의 길은 늘 성취될 그분의 약속 위에 세워져 있기 때문이다.

하나님의 약속은 모두 성취된다. 모두, 하나하나, 빠짐없이.

- "내가… 너희와 항상 함께 있으리라."(마 28:20)
- "너를 떠나지 아니하시며 버리지 아니하시리니."(신 31:8)
- "내가 너희를 쉬게 하리라."(마 11:28)
- "내가 너를 도우리라."(사 41:13)
- "나의 자비는 네게서 떠나지 아니하며."(사 54:10)
- "아무도 [너를] 아버지 손에서 빼앗을 수 없느니라."(요 10:29)

하나님의 말씀에서, 오늘 당신이 기억해야 할 약속은 무엇인가? 폭풍 가운데 있다면, 당신이 겪는 두려움과 불안이 하나님의 약속에 담긴 진리보다 크게 느껴질 수도 있다. 그러나 당신의 감정이 요동친다고 해서 하나님의 약속이 무효가 되는 것은 아니다. 하나님은 절대로 그분의 길이 쉽다거나 그분의 길에 어려움이나 아픔이나 싸움이 없다고 하지 않으신다. 그러나 하나님은 그분의 길이 가장 좋은 길이라고 말씀하시며, 우리는 그분의 약속에 담긴 진리, 곧 하나님의 약속은 언제나 성취된다는 진리를 믿을 수 있다.

하나님의 길은 완전하고 여호와의 모든 말씀은 성취되니,
그분은 자기에게 피하는 모든 자의 방패이시다. 시편 18:30(NLT)

들숨
주님의 길은 완전하고
날숨
주님의 약속은
모두 성취됩니다.

하나님은 불안한 마음을 잠잠하게 하신다

깊이 호흡하며 새겨라: 폭풍을 잠잠하게 하시는 바로 그 하나님이 당신의 불안한 마음을 잠잠하게 하실 수 있다.

불안은 당신 내면에 몰아치는 폭풍 같다. 두려움의 먹구름이 생각을 채우고, 슬픔과 고통의 폭우가 마음에 쏟아지며, 불확실성의 강풍이 사방에서 몰아친다. 염려와 아픔의 거친 파도에 휩쓸려, 바다에 빠져 허우적댄다고 느끼기 쉽다.

그러나 하나님의 능력은 무한하다. 한마디 말씀으로, 파도를 잔잔하게 하실 수 있다. 한 번의 호흡으로, 폭풍을 잠잠하게 하실 수 있다. 그분의 임재만으로, 천둥이 속삭임으로 바뀌고 포효하는 파도가 고요한 침묵으로 바뀐다.

바다의 폭풍을 가라앉히시는 바로 그 하나님이 오늘 당신의 마음을 가라앉히실 수 있다. 환경의 파도가 끊임없이 일고, 두려움의 천둥이 쉴 새 없이 칠 수도 있다. 그러나 당신을 에워싼 폭풍이 아니라 당신과 함께하시는 분에게 초점을 맞출 때, 당신의 영혼에 평안과 고요가 깃들게 된다.

오늘, 당신을 향해 거세게 몰려오는 파도는 무엇인가? 그분의 음성을 듣지 못하게 하는 천둥은 무엇인가?

당신을 에워싼 폭풍이 무엇인가? 하나님을 신뢰하라. 그분은 그 폭풍을 가라앉혀 속삭임이 되게 하실 능력이 있다. 하나님을 신뢰하라. 그분은 설령 폭풍을 잠잠하게 하지 않으신다 해도, 그 폭풍이 지나가는 동안 당신을 평온히 지켜주실 것이다. 하나님은 바로 지금 당신 곁에서 당신과 함께 그 파도를 타고 계신다.

들숨

주님은 광풍을 고요하게 하시고

날숨

물결도 잔잔하게 하십니다.

이에 그들이 그들의 고통 때문에 여호와께 부르짖으매 그가 그들의 고통에서 그들을 인도하여 내시고 광풍을 고요하게 하사 물결도 잔잔하게 하시는도다.

시편 107:28-29

당신의 염려를 하나님께 맡길 수 있다

깊이 호흡하며 새겨라: 하나님은 당신을 돌보신다.
당신의 모든 염려를 하나님께 맡겨라.
하나님은 당신의 염려뿐 아니라 당신도 짊어지실 것이다.

삶의 수많은 짐과 염려에 짓눌릴 때, 스스로 이렇게 상기해야 할 때가 많다. 하나님은 나를 돌보신다. 나의 가장 깊은 염려와 가장 비합리적인 두려움, 상처와 의심까지도 하나님께 내어 맡길 수 있다. 하나님은 나의 근심을 지시고 나를 안고 가신다. 하나님은 지금껏 나를 붙드셨고, 무슨 일이 있어도 나를 단단히 붙드실 것이다.

오늘, 당신은 어떤 근심을 붙들고 있는가? 어떤 염려가 당신을 짓누르는가? 어떤 짐이 당신의 마음을 무겁게 내리누르는가? 잠시 시간을 내어 이것들을 확인하라. 하나하나 적어보라. 이제 기도하며 염려를 내려놓아라. 말 그대로, 당신이 적은 것을 바닥에 내려놓아라. 그분의 발 앞에 내려놓듯이 내려놓아라. 오늘, 이것들을 모두 하나님께 내어 맡겨라.

하나님은 당신의 염려를 그분께 내어놓길 원하신다. 그분이 당신을 돌보시기 때문이다. 하나님은 당신이 짊어진 무거운 짐을 이미 아시며, 그 짐을 모두 그분께 맡기라고 하신다. 하나님이 지시도록, 당신과 당신의 모든 염려까지 내어 맡겨라.

너희 염려를 다 주께 맡기라.
이는 그가 너희를 돌보심이라. 베드로전서 5:7

들숨

나의 염려를
다 주님께
내어맡기니,

날숨

주님이
나를 돌보시기
때문입니다.

당신은 하나님의 선하심 안에서 쉴 수 있다

깊이 호흡하며 새겨라: 당신의 불안이 당신에게 뭐라고 속삭이든,
하나님은 선하시며 당신의 영혼은 그분의 사랑 안에서 쉴 수 있다.

기도를 통해, 우리는 그리스도의 사랑과 받아주심을 경험하고 그분의 선하심을 깨닫는다. 또한, 우리가 어떤 상황 속에 있든, 어떤 불안을 느끼든 상관없이 우리의 영혼이 그분의 사랑 안에서 쉼을 얻는다.

그러나 신경계가 제대로 작동하지 않을 때, 하나님의 선하심을 받아들이거나 온전히 이해하기가 매우 어려울 수 있다. 불안이나 스트레스가 고조될 때, 교감 신경계가 과열되고 우리의 몸은 투쟁이나 도피로 내몰리거나 얼어붙는다. 이럴 때, 두려움과 불안감이 그리스도 안에서 사랑받고 받아들여진다는 감정을 압도한다.

이때 호흡 기도가 도움이 된다. 호흡을 늦추면서, 교감 신경계를 진정시키고 부교감 신경계를 활성화할 수 있다. 의도적으로 초점을 당신이 느끼는 두려움에서 하나님의 진리와 선하심으로 옮길 완벽한 순간이다. 깊이, 의도적으로 호흡하면서, 하나님이 당신을 위해 행하신 좋은 일을 하나 떠올려 보라. 호흡할 때마다 하나님의 선하심에 초점을 맞춰라. 당신을 향한 하나님의 사랑과 선하심에 초점을 맞춰라. 마음에 감사가 넘치고 영혼에 평안이 넘치게 될 것이다.

오 나의 영혼아, 이제 편히 쉬어라.
이는 여호와께서 지금까지 나에게 선을 베푸셨기 때문이다.

시편 116:7(쉬운성경)

들숨

나의 영혼아, 이제 편히 쉬어라.

날숨

주님이 지금까지 나에게
선을 베푸셨기 때문이다.

하나님은 당신의 능력이 되어주신다

깊이 호흡하며 새겨라: 하나님은 은혜롭고 인자하시며,
매일 당신의 능력이 되어주신다.

동틀 때마다, 새로운 소망과 능력이 선물로 찾아온다. 해가 지평선 너머로 솟아오르고 그 밝은 빛으로 밤의 어둠을 뚫듯이, 하나님의 능력은 우리의 연약함을 뚫고 들어와 절망 가운데도 소망의 밝은 빛을 비추어 준다.

지금 당장은 느끼지 못할 수도 있다. 슬픔이나 스트레스의 계절이 오래 계속되어 지쳤을 수도 있고, 아픔이나 절망 속에서 소망을 붙잡으려 발버둥 치고 있을 수도 있으며, 극심한 불안이나 두려움을 느끼고 있을 수도 있다. 그러나 당신의 능력은 지금 어떻게 느끼느냐가 아니라 누구를 신뢰하느냐에서 비롯된다.

오늘, 이 호흡 기도를 하나님께 드려라. 지금 그 어떤 어려움이나 고난이나 스트레스를 마주하고 있더라도, 그 속에서 당신의 능력과 구원이 되어달라고 하나님께 간구하라. 오늘, 하나님을 기다리며, 그분 안에서 쉬고, 당신을 향한 그분의 마음을 믿어라.

주님, 우리에게 은혜를 베풀어 주십시오. 우리가 주님을 기다립니다.
아침마다 우리의 능력이 되어 주시고,
어려울 때에 우리의 구원이 되어 주십시오.

이사야 33:2(새번역)

들숨

주님, 아침마다
나의 능력이 되어주시고,

날숨

어려울 때
나의 구원이 되어 주십시오.

하나님은 당신의 도움이다

깊이 호흡하며 새겨라: 당신의 도움은 주님에게서,

당신을 지으시고 하늘과 땅보다 더 사랑하시는 분에게서 온다.

우주의 창조자, 생명을 주시며 하늘과 땅을 지으신 분이 당신과 함께하시고, 당신 곁에 계시며, 당신을 도우려 하신다. 너무 크거나 너무 어려워 그분이 못하실 일이 있을까? 그분의 호흡이 생명을 창조할 수 있고 그분의 입에서 나오는 한마디 말씀이 별과 행성을 낳을 수 있다면, 당신이 어떤 일을 마주하든 그분은 틀림없이 당신을 도우실 수 있다.

그분의 도움은 당신이 예상하는 방식으로 오지 않을 수도 있다. 그분의 도움은 몸이 완전히 치유되거나 고난에서 완전히 벗어나는 형태로 오지 않을 수도 있다. 그러나 그분의 도움은 반드시 온다. 당신의 삶에 들어와 있는 사람들의 온정과 보살핌을 통해 올 수도 있다. 약이나 치료를 통해 올 수도 있다. 표현할 수 없는 내적 평안으로, 오직 그분만이 주실 수 있는 평안으로 올 수도 있다. 그분이 불속에서 당신 곁에 서 계실 때처럼, 당신과 함께 광야를 지나실 때처럼, 당신을 품에 꼭 안고 폭풍을 뚫고 나아가실 때처럼 말이다. 하나님이 오늘 당신을 도우시는 방법을 찾아보라. 오늘, 당신이 처한 상황에서 당신을 도우시는 분의 손이 보이는가?

나의 도움은

천지를 지으신 여호와에게서로다.

시편 121:2

들숨

나의
도움은

날숨

천지를 지으신
주님에게서
옵니다.

하나님의 사랑은 한결같다

깊이 호흡하며 새겨라: 해가 뜨고 아침이 밝는 것을 그 무엇도 막을 수 없듯이, 당신을 향한 하나님의 사랑과 긍휼을 그 무엇도 막을 수 없다.

통제할 수 없는 어려운 상황 한가운데 있을 때, 우리는 어떻게든 상황을 개선하려고 스스로 할 수 있는 일에 필사적으로 매달리려 한다. 이것은 마치 우리가 좋은 일을 많이 해서 하나님을 "기쁘시게" 해드리면 하나님이 우리의 기도에 응답해 우리가 원하는 일을 행하시고 어려움을 제거해주시리라 생각하는 것과 같다.

그러나 하나님은 이렇게 일하지 않으신다. 우리의 행위로 하나님의 선하심을 얻어낼 수는 없다. 하나님의 선하심이 언제나 먼저이며, 우리의 그 어떤 행위보다 앞선다. 하나님은 선하시다. 선하심은 하나님의 본질이다. 하나님의 사랑과 신실하심은 우리가 하는 일에 따라 달라지지 않는다. 하나님의 사랑은 절대로 멈추지 않는다. 하나님의 선하심과 인자와 긍휼은 절대로 끝나지 않는다.

우리가 치유를 구하는 기도를 할 수 있는 근거는 치유를 얻기 위한 우리의 선행 때문이 아니라, 하나님의 한결같은 사랑 때문이다. 기도하며 구하는 치유가 이루어지든 그렇지 않든, 하나님의 인자하심을 신뢰할 때 평안을 알게 된다. 무슨 일이 찾아오든 그것은 하나님의 인자이며, 내일 무슨 일이 찾아오든 돋는 해와 함께 새로운 긍휼도 늘 찾아올 것이기 때문이다.

주님의 한결같은 사랑이 다함이 없고 그 긍휼이 끝이 없기 때문이다.
"주님의 사랑과 긍휼이 아침마다 새롭고, 주님의 신실이 큽니다."

예레미야 애가 3:22-23(새번역)

들숨
주님의 한결같은 사랑은 절대로 멈추지 않고,

날숨
주님의 긍휼은 절대로 끝나지 않습니다.

들숨
이것이 아침마다 새롭고

날숨
주님의 신실하심이 큽니다.

하나님을 찾는 습관을 들여라

깊이 호흡하며 새겨라: 하나님은 당신에게 무엇이 가장 좋은지 아신다. 하나님을 찾는 습관을 들이고, 당신의 마음이 하나님의 마음에 맞춰지도록 구하라. 그러면 하나님의 뜻에서 벗어나지 않을 것이다.

꾸준히 운동하면 몸이 단련되듯이(힘이 붙고, 지구력이 늘어나며, 유연성이 좋아지듯이), 꾸준히 기도하며 힘써 하나님을 찾으면 마음이 단련되어 그리스도의 리듬에 맞춰 살고 그분의 뜻을 따르게 된다. 인내로 시련을 마주할 수 있고, 하나님의 능력으로 꿈을 좇을 수 있으며, 삶에서 만나는 뜻밖의 일들을 하나님과의 깊은 연대에서 얻는 힘으로 유연하게 대처할 수 있다. 깊은 호흡을 규칙적으로 훈련하면 신경계를 안정시키고 뇌와 몸의 연결을 조절하는 데 도움이 되듯이, 규칙적으로 기도하며 하나님과 소통하면 영혼이 그리스도와 연결되어 마음을 가라앉히는 데 도움이 된다. 호흡과 기도가 함께할 때, 힘써 하나님을 찾고 그분의 길을 따를 때, 불안이 줄고 마음이 맑아진다.

삶에서 기도의 습관을 들일 때, 기도가 일상의 리듬이 될 때, 우리의 마음과 영혼은 모든 일에서 먼저 하나님께 나아가는 법을 배우게 된다. 온 마음으로 하나님을 찾아라. 하루하루 어떻게 강해지는지 보게 될 것이다.

내가 온 마음을 다하여 주님을 찾습니다.
주님의 계명에서 벗어나지 않게 하여 주십시오.

시편 119:10(새번역)

들숨

내가 온 마음을 다하여
주님을 찾습니다.

날숨

주님의 계명에서 벗어나지
않게 하여 주십시오.

하나님은 당신의 필요를 아신다

깊이 호흡하며 새겨라: 하나님은 오늘 당신의 말을 듣고 싶어 하신다. 당신의 마음을 그분께 쏟아내고, 당신의 필요를 그분께 말씀드려라. 그런 후에, 당신에게 가장 좋은 것을 주실 하나님을 신뢰하라.

오늘, 당신은 무엇이 필요한가? 그것을 하나님께 구했는가?

하나님은 당신을 초대하신다. 기도하고, 이야기하며, 마음을 털어놓고, 필요를 아뢰라고 하신다. 하나님은 당신을 깊이 사랑하시기 때문에 당신을 지금 모습 그대로 만나주시고, 그분이 아시기에 당신에게 가장 좋은 것을 주실 것이다.

이런 의문이 들 수 있다. '하나님이 내 필요를 이미 아신다면, 굳이 기도할 필요가 있을까?' 기도는 전지(全知)하신 창조자 하나님께 이미 아시는 것을 설명하는 것이 아니다. 기도는 우리를 위한 것이다. 하나님께 맞춰, 우리의 삶을 향한 하나님의 뜻에 맞춰 우리 마음을 재설정하고 우리의 영혼을 재조정하는 것이다.

기도는 마법의 주문이 아니며, 하나님은 당신의 바람을 모두 이뤄주려고 기다리는 램프의 요정이 아니다. 기도는 당신의 마음을 그리스도와 연결하는 다리다. 기도는 그분이 당신을 사랑하시고 당신의 필요를 아신다는 사실을 기억하면서 당신의 마음을 그분의 마음에 맞추도록 돕는다. 당신을 향한 그분의 마음을 온전히 신뢰할 때, 당신의 필요를 그분께 내어놓고 쉼을 얻을 수 있다. 그 필요를 채우는 가장 좋은 방법을 그분이 아신다는 것을 알기 때문이다.

구하기 전에 너희에게 있어야 할 것을
하나님 너희 아버지께서 아시느니라. 마태복음 6:8

들숨

내게 있어야 할 모든 것을

날숨

주님은 이미 아십니다.

하나님은 당신을 품고 다니신다

깊이 호흡하며 새겨라: 하나님은 당신을 품고 다니신다.
당신은 그분의 손에 안전하게 붙들려 있다.

때때로, 우리는 붙들려 있다는 사실을 잊는다. 고난의 어둠이 몰려오면, 잘 보이지 않는다. 우리 곁에 있는 사람들도, 우리를 지탱해주는 관계들도, 가장 어두운 순간에도 여전히 우리에게 주어지는 은혜와 자비도 보기 어렵다. 우리는 혼자 버려진 채, 자기 힘만으로 헤쳐나가야 하는 것처럼 느껴진다. 기도는 우리의 눈을 진리에 맞추게 한다. 어둠 속에서 하나님이 두 손으로 우리를 감싸고 계시며, 알지 못하는 곳을 지날 때 그분이 사랑의 두 팔로 우리를 안고 가신다.

당신을 지으신 하나님, 당신의 세포 하나하나와 조직 하나하나를 짜 맞추신 하나님이 당신을 안고 다니신다. 바로 지금 이 순간, 하나님이 당신을 붙들고 계신다. 하나님은 절대 멈추지 않으신다. 오늘도, 내일도, 소망을 품기 어렵거나 어둠이 몰려오는 날에도 – 당신의 모든 날 중 단 하루도, 하나님이 사랑의 두 팔로 당신을 품고 다니시지 않는 날은 없을 것이다.

너희가 늙을 때까지 내가 너희를 안고 다니고,
너희가 백발이 될 때까지 내가 너희를 품고 다니겠다.
내가 너희를 지었으니, 내가 너희를 품고 다니겠고,
안고 다니겠고, 또 구원하여 주겠다.

이사야 46:4(새번역)

들숨

주님이 나를 지으셨으니,

날숨

주님이 나를 품고 다니십니다.

하나님의 임재가 기적이다

깊이 호흡하며 새겨라: 당신이 구하는 기적은 일어나지 않을 수도 있지만,
당신에게 필요한 기적은 언제나 일어난다.
곧, 하나님이 당신과 함께하신다는 것이다. 이것이 가장 큰 기적이다.

자녀들이 고통 가운데 있을 때, 진단 결과가 충격적일 때, 마음이 아플 때, 슬픔과 비애가 무거울 때, 힘겨운 싸움이 끝날 것 같지 않을 때, 기적이 필요할 때….

우리는 예수님을 부르며 도와 달라고, 고쳐 달라고, 모든 것을 회복시켜 달라고 간구한다.

그러나 때로는 나날이 더 힘들어지고, 싸움은 계속되며, 고통은 지속되고, 아픔은 멈출 줄 모른다. 의문이 든다. '하나님이 내 기도를 들으셨을까? 내 믿음이 부족한 것일까? 왜 하나님이 고쳐주시지 않는 걸까? 기적은 도대체 어디 있는 걸까?'

우리는 기도하고 간구한다. 그러나 여전히 하나님은 꼼짝도 안 하시는 것 같다. 이런 경험이 있는가? 나는 이런 적이 있다. 오랫동안, 왜 하나님이 내 기도에 응답하시지 않는 것으로 보이는지 이해할 수 없었다.

하나님은 기적을 행하시고 무엇이든 하실 수 있는 분이다. 틀림없이 이 기적을 행하고 이 일을 이루실 수 있다. 그런데 왜 그러지 않으실까? 아무것도 달라지지 않을 때, 상황이 전혀 나아지지 않을 때, 하나님은 도대체 어디 계시는 걸까?

하나님은 여기 계신다. 당신과 '함께', 우리와 '함께' 계신다. 우리 곁에서 우리를 꼭 붙들고 계신다. 우리는 늘 기적을 경험한다. 하나님이 우리와 함께 계시기 때문이다. 하나님의 임재는 언제나 기적이다. 우리에게 가장 필요한 기적이다.

들숨

나를 강하고 담대하게 해주십시오.

날숨

내 모든 두려움을 주님께 맡깁니다.

들숨

내가 어디로 가든지

날숨

주님이 나와 함께하십니다.

내가 네게 명령한 것이 아니냐 강하고 담대하라 두려워하지 말며 놀라지 말라
네가 어디로 가든지 네 하나님 여호와가 너와 함께 하느니라.

여호수아 1:9

두려울 때도 하나님을 의지할 수 있다

깊이 호흡하며 새겨라: 불안하다고 두려움에 사로잡힐 필요는 없다. 오히려 불안을 신호로 받아들여 마음을 그리스도께로 향하게 하고, 두려움이 아니라 그분을 신뢰하면 믿음이 더 깊어질 수 있다.

불안하거나 두려울 때, 당신은 어떤 증상을 경험하는가?

이럴 때 흔히 나타나는 증상이 있다. 얼굴이 붉어지거나, 손이 떨리거나, 호흡이 가빠지거나, 어지럽거나, 근육이 아프거나, 속이 뒤틀리거나, 배가 아프거나, 가슴이 답답하거나, 어깨가 뭉치거나, 두통이 생기거나, 심장이 벌렁거리거나, 때로는 눈물이 난다.

당신이 불안할 때 몸에 어떤 증상들이 나타나는지 확인하고, 이것들을 신호로 받아들여 속도를 늦추고 집중하라. 깊고 느리게 호흡하며, 마음을 그리스도께로 향하게 하라. 5분 동안, 깊고 느리게 호흡하며, 이 호흡 기도로 기도하라. 이 깊은 호흡은 당신의 뇌에 당신이 안전하다는 정보를 전달해주고, 이 기도는 당신의 영혼에 두려운 순간에도 하나님을 의지할 수 있다는 진리를 알려준다. 당신의 느낌은 실제이지만, 늘 진실을 말해주지는 않는다. 몸의 균형이 깨질 때, 당신의 느낌은 매우 현실적이고 종종 불안하게 만들지만, 늘 의지할(신뢰할) 수 있는 것은 아니다. 그러나 하나님은 늘 의지할 수 있다.

내가 두려워하는 날에는 내가 주를 의지하리이다.

시편 56:3

들숨

내가
두려울 때

날숨

주님을
의지합니다.

하나님은 당신의 손을 잡고 계신다

깊이 호흡하며 새겨라: 당신이 움켜쥐고 있는 염려를 당신을 붙들고 계신 분에게 맡겨라. 그분은 언제나 당신을 도우려 거기 계신다.

두려움에 사로잡혀 있을 때, 누군가 당신의 손을 잡아준 적이 있는가? 병원에서 고통스러운 소식을 기다리고 있었을 수도 있고, 높고 빠른 놀이기구를 타기 직전이었을 수도 있으며, 그 어떤 공포를 마주하고 있었거나 무서운 영화를 보고 있었을 수도 있으며, 사람들에게 에워싸였거나 무대에 오르기 직전이었을 수도 있다. 많은 것이 우리를 두렵게 한다. 그러나 누군가 손을 잡아줄 때, 특별한 위안을 느끼지 않는가? 손을 잡아준다는 것은 사랑과 응원을 표현하는 단순한 몸짓이지만, 때로 두려운 다음 걸음을 내딛는 데 꼭 필요한 것이기도 하다.

하나님은 당신의 손을 잡고 계신다. 당신은 너무 두려워 그분께 손을 내밀기는커녕, 그분이 내민 손을 꽉 잡을 힘조차 없다고 느낄지 모른다. 낙담하지 마라. 강하지 않아도, 용감하지 않아도 괜찮다. 하나님은 이미 당신을 붙잡고 계신다.

아빠가 아장아장 걷는 아이의 손을 잡고 있을 때처럼, 하나님은 당신을 단단히 붙잡고 계신다. 당신을 붙들고 있는 힘은 당신의 힘이 아니라 아버지의 사랑이다. 오늘, 하나님은 당신의 손을 붙잡고 계신다. 당신은 안전하고, 사랑받고 있다. 하나님은 당신을 도우려 여기 계신다. 오늘, 당신의 염려와 당신을 두렵게 하는 모든 것을 하나님께 내어 맡기고, 그저 그분의 손을 붙잡아라.

이는 나 여호와 너의 하나님이 네 오른손을 붙들고 네게 이르기를 두려워하지 말라 내가 너를 도우리라 할 것임이니라. 이사야 41:13

들숨

주님, 주님이 내 손을 잡고 계십니다.

날숨

주님이 나를 도우려 여기 계십니다.

절대로 늦지 않았다

깊이 호흡하며 새겨라: 진리를 따라 살려 할 때,

너무 늦었다는 말은 절대 있을 수 없다.

당신의 선택이나 길이 하나님의 뜻에 맞지 않는다는 것을 알고 답답했던 적이 있는가? 때로 우리는 실수했거나, 죄를 짓거나, 형편없는 선택으로 하나님이 원하시지 않는 길에 들어섰다는 사실 때문에 걱정과 불안에 휩싸일 수 있다.

하지만 이러한 불안은 실제로 선한 목적을 지닐 수 있다. 이는 우리를 다시 하나님께로 향하도록 자극하는 깨우침에서 비롯되기 때문이다. 따라서 우리가 마음을 열면, 이러한 불안은 삶에서 노랑 신호등이 되어 우리에게 속도를 줄이고, 주의를 집중하며, 방향을 틀어 다른 쪽으로 가도록 신호를 보낼 수 있다.

지금 당신이 걷고 있는 길은 그리스도께 더 가까워지는 길인가? 아니면 도중에 방향을 틀어 경로를 이탈했는가? 오늘, 하나님의 진리를 향해 갈 수 있도록 그분의 길을 가르쳐 주시길 구하라.

여호와여 주의 도를 내게 가르치소서 내가 주의 진리에 행하오리니

일심으로 주의 이름을 경외하게 하소서.

시편 86:11

들숨

주님의 길을 내게 가르쳐 주시고,

날숨

내가 주님의 진리를 따라 살도록
도와주십시오.

하나님은 당신의 생각을 아신다

깊이 호흡하며 새겨라: 하나님은 당신이 짊어지고 있는 불안한 생각의 무게를 아시며, 당신이 원하면 그 짐을 가볍게 해주겠다고 하신다.

당신의 염려와 불안한 생각이 모두 돌덩이라고 잠시 상상해 보라. 바로 지금, 당신은 얼마나 많은 돌덩이를 지고 있는가? 당신이 지고 다니는 짐은 얼마나 무거운가? 마음속에 있는 염려의 돌덩어리를 하나하나 적어보라.

그런데 당신이 이 모든 염려와 불안한 생각을 계속 움켜쥐고 있다면, 당신의 영혼과 몸이 짓눌리고 그 불균형의 징후가 드러나기 시작할 것이다.

이유를 전혀 모르는 불안을 느낀 적이 있는가? 심장이 마구 뛰거나 손이 떨리는가? 쉽게 흥분하거나 잠을 잘 못 이루는가? 몸이 불안의 징후를 보이기 시작할 때, 속도를 늦추고 불안한 생각이 무엇인지 살펴본 적이 있는가?

이 기도를 통해, 하나님이 당신의 마음을 살피시고 불안한 생각을 드러내 주시길 잊지 말고 꾸준히 구하라. 당신이 느끼는 불안의 뿌리를 마주하고 그 불안을 내려놓을 수 있도록 하나님이 그 뿌리를 드러내시게 하라. 당신이 지고 다니는 염려의 돌덩이를 하나님이 제거하시게 하라…. 그런 후에, 그 돌덩이를 그분이 대신 지시도록 맡겨라.

하나님, 나를 샅샅이 살펴보시고, 내 마음을 알아주십시오.

나를 철저히 시험해 보시고, 내가 걱정하는 바를 알아주십시오.

내가 나쁜 길을 가지나 않는지 나를 살펴보시고,

영원한 길로 나를 인도하여 주십시오. 시편 139:23-24(새번역)

들숨

나를 샅샅이 살펴보시고,
내 마음을 알아주십시오.

날숨

나의 불안한 생각을
모두 주님께 내어놓습니다.

하나님이 당신을 감싸 안으신다

깊이 호흡하며 새겨라: 하나님이 당신과 함께하시며 걸음마다 당신을 감싸 안고 계심을 알기 때문에, 지금 이 순간에 충실하며 감사할 수 있다.

시편 139:5의 "주께서 나의 앞뒤를 둘러싸시고"라는 시각적 묘사를 나는 정말 좋아한다. 하나님이 나를 둘러싸시고, 나를 안전하게 붙잡아 주시며, 길을 가는 내내 나를 에워싸 내가 늘 그분의 임재 가운데 머물게 하신다. 바느질 달인이 옷의 해진 가장자리를 꼼꼼하게 감치듯이(둘러싸듯이), 하나님은 나의 해진 가장자리를 모두 꼼꼼하게 모으고 나를 그분의 사랑의 실로 감치신다. 그분의 감침질은 안전해 절대 풀리지 않으며, 내 삶에서 날마다 나를 단단히 붙들어준다.

당신 뒤에 있었던 그 어떤 일도 하나님의 구원 능력을 벗어나지 않으며, 당신 앞의 그 무엇도 그분을 놀라게 하지 못한다. 하나님은 과거와 현재와 미래를 아신다. 때로 이 진리를 기억하기만 해도, 염려가 가라앉고 그분 안에서 쉼을 얻을 수 있다.

당신은 자신 앞에 무엇이 있는지 모를 수 있어도 이미 거기 계시는 분은 아신다. 당신은 지나간 일에 대해 아무것도 할 수 없지만, 당신과 함께하시는 분, 당신 앞에 가시고 당신 뒤에서 지키시는 분, 모든 것이 합력하여 당신에게 선을 이루고 그분의 영광이 드러나게 하시는 분을 신뢰할 수 있다.

주님이 나의 앞에 가시고 나의 뒤를 따르십니다.

주님이 축복의 손을 내 머리에 얹으십니다.

시편 139:5(NLT)

들숨

주님이
나의 앞에
가시고

날숨

주님이
나의 뒤를
따르십니다.

하나님은 당신을 새롭게 하신다

깊이 호흡하며 새겨라: 하나님의 용서 의지와 용서 능력을 넘어서는 죄는 없다.
하나님은 죄가 더럽힌 것을 정결하게 하실 수 있고,
죄의 얼룩을 씻어내어 당신을 눈보다 희게 하실 수 있다.

에덴동산에서 죄를 짓기 전, 아담과 하와는 몸이 완벽하게 균형을 이루었고 하나님과 완벽하게 교제했다. 이들의 몸과 생각과 마음은 온전했고 아픔이나 혼란이나 슬픔이 없었다. 그러나 죄가 이들의 영혼과 이들을 지으신 하나님 사이에 쐐기를 박았고, 모든 것이 달라졌다. 고난과 수치, 단절과 죽음, 우리가 아는 마음과 몸의 모든 어려움이 고통스러운 현실이 되었다.

지금도 죄가 우리의 몸에 영향을 미쳐 균형을 깨고 기능을 떨어뜨리며, 우리의 죄악된 욕망이 우리의 마음에 깊이 영향을 미친다. 무엇보다도 죄는 우리 영혼과 하나님과의 친밀한 관계를 갈라놓아 점점 더 많은 어려움을 마주하게 한다. 그러므로 회개는 우리의 마음과 생각을 그리스도께 다시 맞추고 그분의 위로와 평안과 인도를 받기 위해 내디뎌야 하는 더없이 중요한 걸음이다.

당신의 삶에서, 오늘 하나님께 고백하고 회개해야 하는 죄가 있는가? 바로 지금 하라. 하나님은 당신을 있는 그대로 만나려고 용서와 은혜가 넘치는 팔을 벌린 채 기다리신다.

나를 정결하게 하소서 내가 정하리이다.
나의 죄를 씻어 주소서 내가 눈보다 희리이다.

시편 51:7

들숨

나의 죄를
씻어주십시오.

날숨

내가 눈보다 희게
될 것입니다.

파도 속에서도 평안을 누릴 수 있다

깊이 호흡하며 새겨라: 더없이 거센 폭풍 속에서도 하나님의 평안을 누릴 수 있다.

당신의 마음과 생각이 배라고 생각해 보라. 배가 물에 떠 있는 것은 부력 때문이다. 아래로 누르는 배의 무게와 밀어 올리는 물의 힘이 균형을 이루기 때문이다. 폭풍 속에서 파도가 배에 부딪힐 때, 배는 물이 지나치게 들어오거나 지나치게 기울지 않는 한 침몰하지 않는다. 배는 균형을 유지해야 한다. 낮은 무게 중심은 배가 높고 거센 파도에도 안정을 유지하는 데 도움이 된다.

당신이 경험하는 스트레스는 삶의 바다를 항해하는 동안 마음과 생각이라는 배에 부딪히는 파도와 같다. 당신의 작은 배가 두려움과 불안과 어려운 환경의 파도에 흔들릴 때, 하나님의 평안은 그 배를 안정적으로 잡아주는 무게 중심이자 평형수이며 부력과 같다. 하나님의 평안은 당신의 배가 침몰하지 않게 막아주고 파도가 당신을 전복시키지 못하게 지켜준다.

맹렬한 폭풍에 작은 배가 떠 있는 게 불가능해 보일 수 있다. 그러나 배가 뒤집히지 않는 것은 파도의 크기 때문이 아니라 배의 안정된 중심 때문이다. 그리스도가 삶의 중심일 때, 거센 폭풍 가운데서도 평안을 누릴 수 있다. 오늘 이 기도를 드리고, 그리스도께서 당신의 삶의 중심에 들어오시며, 당신을 지켜주시고, 당신을 그분의 평안으로 채우시도록 그분을 초대하라.

그리하면 모든 지각에 뛰어난 하나님의 평강이
그리스도 예수 안에서 너희 마음과 생각을 지키시리라.

빌립보서 4:7

들숨

표현할 수 없는 주님의 평안으로

날숨

나의 마음과 생각을 지켜주십시오.

하나님은 당신을 지켜주신다

깊이 호흡하며 새겨라: 하나님은 신실하셔서, 그분을 신뢰할 때, 당신에게 힘을 주시고 당신을 지켜주신다.

불안은 몸에 증상으로 나타나는 신체적 상태인 동시에, 마음과 영혼에 싸움을 일으키는 영적 전쟁이기도 하다. 에베소서 6:12은 이렇게 말한다. “우리의 씨름은 혈과 육을 상대하는 것이 아니요 통치자들과 권세들과 이 어둠의 세상 주관자들과 하늘에 있는 악의 영들을 상대함이라.”

당신을 싸움의 사슬에 매어두려는 대적이 있다. 불안할 때 나타나는 신체 증상을 알아야 하듯이, 어떻게든 우리를 끌어내리고 두려움과 수치로 우리의 영혼을 옭아매려 드는 “악한 자”를 알아야 한다. 그래서 우리는 호흡 기도에서 깊은 호흡 훈련과 기도를 함께 실천한다. 우리는 깊은 호흡과 정신 건강 관리를 통해 몸과 마음을 돌보며, 기도하고 하나님의 말씀에 잠기는 시간을 통해 우리를 지켜주시며 우리의 영을 보살펴 주시는 그리스도께 나아간다.

그러나 주님께서는 신실하신 분이시므로,
여러분을 굳세게 하시고, 악한 자에게서 지켜 주십니다.

데살로니가후서 3:3(새번역)

들숨

주님, 주님은
신실하십니다.

날숨

나를 악한 자에게서
지켜주십시오.

이해할 수 없을 때도
하나님을 신뢰할 수 있다

깊이 호흡하며 새겨라: 하나님의 길이 늘 이해되지는 않더라도,

두려움 없이 그분을 신뢰할 수 있다.

우리의 두려움의 뿌리는 하나님의 마음을 신뢰하지 못하는 데 있다. 삶의 이야기가 생각대로 풀리지 않을 때, 고난의 계절이 견딜 수 있다고 생각한 것보다 길어질 때, 좋지 않은 소식이 들리고 온갖 청구서가 쌓여가며 일이 벅차고 아픔이 너무 클 때, 모든 것을 상실한 것 같고 제대로 되는 게 전혀 없어 보일 때, 하나님의 마음을 보거나 이해하기 어려울 수 있다. 이해 못 하는 것을 신뢰하기란 어렵다.

그러나 하나님의 길은 우리의 길과 전혀 다르다. 우리가 볼 수 있는 것보다 많은 일이 늘 일어나고 있다.

예수님을 보라. 세상의 소망이 연약한 아기로 태어나셨고, 구원의 길이 깊은 고난을 통해 열렸다. 완전한 죽음과 패배로 보였던 십자가 사건이 사실 영원한 생명과 구원에 이르는 길이었다. 끝이라고 보였던 것이 사실 만물이 새롭게 되는 시작점이었다.

그렇다면 우리가 이해하지 못하는 그 어려운 일은 어떤가? 우리를 무너뜨릴 것만 같은 그 고통이 우리를 구원할 도구로 드러날 수도 있다. 우리를 익사시키겠다고 위협하는 폭풍이 사실은 자유로 가는 길일 수 있다. 우리의 고난을 보는 방식을 바꾸고 하나님의 마음을 신뢰할 때, 두려움을 내려놓고 평안에 잠길 수 있다. 우리가 이해하지 못할지라도 하나님이 일하고 계심을 알기 때문이다.

들숨

주님은 나의 구원이시니

날숨

내가 주님을 신뢰하고
두려워하지 않겠습니다.

보라 하나님은 나의 구원이시라 내가 신뢰하고 두려움이 없으리니
주 여호와는 나의 힘이시며 나의 노래시며 나의 구원이심이라.

이사야 12:2

그 무엇도 당신을 하나님의 사랑에서 끊을 수 없다

깊이 호흡하며 새겨라: 지금 당신이 어떤 감정을 느끼든, 절대 변하지 않는 진리가 있다. 하나님은 당신을 진정으로, 깊이 사랑하시며 그 무엇도 당신을 하나님의 사랑에서 끊을 수 없다는 것이다.

하나님의 사랑은 멈추지 않고 끝나지 않으며, 뜨겁고 끈질기며, 신실하고 영원하다.

당신이 가장 사랑받기 어려운 모습일 때도, 하나님은 여전히 당신을 사랑하신다. 당신이 하나님의 사랑을 느끼지 못할 때도, 그 사랑은 변함없이 강하다.

당신의 고통이 하나님의 사랑을 막을 수 없다. 당신의 문제가 하나님의 약속을 막을 수 없다. 당신의 실패가 하나님의 신실하심을 막을 수 없다. 당신의 의문이 하나님의 긍휼을 멈출 수 없다. 당신의 아픔이 하나님의 계획을 무너뜨릴 수 없다. 당신의 혼란이 하나님의 자비를 막을 수 없다.

정말로 그 어떤 것도－당신의 말도, 행동도, 감정도, 하늘이나 땅에 있는 그 무엇도, 심지어 생명이나 죽음도 당신을 하나님의 사랑에서 끊을 수 없다.

당신은 안전하며, 온전히 사랑받고 있다. 오늘, 깊이 호흡하며 당신의 염려를 하나님의 사랑의 품에 맡겨보라. 그분이 당신을 품으신다.

내가 확신하노니 사망이나 생명이나 천사들이나 권세자들이나
현재 일이나 장래 일이나 능력이나 높음이나 깊음이나 다른 어떤 피조물이라도
우리를 우리 주 그리스도 예수 안에 있는 하나님의 사랑에서
끊을 수 없으리라. 로마서 8:38-39

들숨

그 무엇도
나를

날숨

주님의
사랑에서
끊을 수
없습니다.

당신은 약할 때 강하다

깊이 호흡하며 새겨라: 당신의 약함은 실패가 아니라,
삶에서 하나님의 능력이 피어날 옥토다.

우리 문화는 약함을 높이 평가하지 않는다. 힘, 능력, 성취가 이 세상의 목표다. 독립적이고 스스로 모든 것을 해내는 사람이 높이 평가받는다. 약한 사람들은 무시당하고 저평가된다. 밟히고 밀려나기 일쑤다.

그러나 하나님 나라는 거꾸로다. 꼴찌가 첫째가 된다. 약한 자가 강하다. 가난한 자가 땅을 기업으로 받는다.

당신의 약함은 하나님의 능력이 삶에서 빛날 기회다. 우리가 약할 때, 하나님의 능력은 가장 잘 발휘된다. 고난을 스스로 헤쳐나갈 힘이 우리에게 있다면, 하나님이 필요하지 않을 것이다. 약함은 하나님을 의지하도록 우리를 이끌며, 우리는 하나님을 의지할 때 진정한 능력을 발견한다.

그러므로 하나님께로 돌아서라. 모든 것을 스스로 해결할 수 있어야 한다거나, 견뎌낼 수 있을 만큼 강하거나 용감해야 한다는 잘못된 믿음을 내려놓아라. 하나님은 이미 더없이 강하시며, 당신에게 정말로 필요한 모든 것이다.

나에게 이르시기를 내 은혜가 네게 족하도다 이는 내 능력이 약한 데서 온전하여짐이라 하신지라. 그러므로 도리어 크게 기뻐함으로 나의 여러 약한 것들에 대하여 자랑하리니 이는 그리스도의 능력이 내게 머물게 하려 함이라. 그러므로 내가 그리스도를 위하여 약한 것들과 능욕과 궁핍과 박해와 곤고를 기뻐하노니 이는 내가 약한 그 때에 강함이라. 고린도후서 12:9-10

들숨

주님의 은혜가 내게 충분합니다.

날숨

주님의 능력이
나의 약한 데서 온전해집니다.

들숨

나는 약할 때

날숨

강합니다.

하나님은 당신의 의심을 해결하실 수 있다

깊이 호흡하며 새겨라: 하나님은 당신의 의심을 해결하실 수 있다.
당신의 영혼에 일렁이는 불신앙의 파도를 잠잠하게 하실 수 있다.

신뢰와 의심은 서로 반대 방향으로 밀고 당기며 내 영혼의 배를 흔들어대는 파도 같다. 특히 칠흑 같은 폭풍 속에서 퍼붓는 폭우와 휘몰아치는 강풍에 앞이 보이지 않을 때, 더 거세게 요동친다.

나는 내가 믿는다고 고백하는 것과 두려울 때 느끼는 감정 사이에서 흔들린다. 두려움에 휩싸여, 하나님의 선하심을 의심한다. 불안에 짓눌려, 하나님의 사랑에 의문을 품는다. 어느 순간, 하나님을 믿으며 하나님을 신뢰하고 그분을 따르고 싶다고 말한다. 다음 순간, 힘든 일에 걸려 넘어지고 하나님이 내가 생각했던 것처럼 정말 거기 계신지 의문이 든다.

나는 이 기도를 자주 한다. "내가 믿습니다. 나의 믿음 없는 것을 도와주소서!" 나는 믿음이 있다. 그러나 두렵기도 하다. 그분의 말씀을 기억하지만, 나의 감정과 씨름하기도 한다.

당신도 이렇게 느끼는가? 당신이 믿는 것과 느끼는 것이 서로 어긋나는가? 오늘 잠시 멈춰, 우리의 영혼에 우리가 믿는 것을 상기시키고, 우리의 불신앙의 틈을 그분의 놀라운 은혜로 메워주시도록 하나님께 구하자.

곧 그 아이의 아버지가 소리를 질러 이르되 내가 믿나이다.
나의 믿음 없는 것을 도와주소서 하더라.

마가복음 9:24

들숨

주님, 내가 믿습니다.

날숨

나의 믿음 없는 것을 도와주십시오.

하나님은 당신을 인도하신다

깊이 호흡하며 새겨라: 당신의 미래는 하나님께 놀라운 일이 아니다.
하나님은 이미 당신보다 앞서가셨고, 앞길에 무엇이 기다리는지 아신다.
그러므로 당신을 인도하시는 하나님을 신뢰하라.

미래가 두려워 불안한가? 어떤 결정을 내려야 할지 모르거나 어느 길을 가야 할지 확신이 없어 걱정하는가? 당신은 이런 것들을 걱정하고 있을지 모른다.

- 어떤 대학에 갈지
- 어떤 직장에 지원할지
- 어떤 도시로 이주할지
- 어떤 관계에 투자할지
- 어떤 집을 사야 할지
- 어떤 교육이 자녀에게 가장 좋을지

이러한 무수한 선택이 마음을 불안으로 채우고, 잘못된 선택을 하지나 않을까 하는 걱정이 몸의 균형을 허물어뜨릴 수 있다.

이 기도는 마음을 하나님께로 되돌리고 그분을 향하며 그분의 이끄심을 구하도록 당신을 일깨운다. 우리의 영혼을 그리스도께 맞출수록, 그분을 따를 때 얻는 평안에 더 깊이 잠기고, 걸음걸음이 우리의 삶을 향한 그분의 뜻에 맞는지 더 잘 분별하게 된다. 오늘, 그분께 도움을 구하고, 늘 그분을 향하며, 믿음으로 전진하라.

주님, 주님의 길을 나에게 보여 주시고,
내가 마땅히 가야 할 그 길을 가르쳐 주십시오. 시편 25:4(새번역)

들숨

주님, 주님의 길을 나에게 보여주시고,

날숨

내가 마땅히 가야 할 그 길을 가르쳐 주십시오.

하나님은 약속을 지키신다

깊이 호흡하며 새겨라: 당신에게는 흔들릴 수 없는 소망이 있다.
하나님은 언제나 신실하셔서 약속을 지키시기 때문이다.

아버지는 내게 소망의 정의를 가르쳐주셨다. "소망이란 하나님의 약속이 이루어지길 기다리는 것이다." 아버지는 이 정의를 40여 년 전에 자신을 예수님께 인도하고 그리스도의 제자로 양육했던 I. 세실 비치 박사에게 배웠다고 하셨다.

나는 이 정의와 이것이 그려내는 소망에 대한 더 큰 그림을 아주 좋아한다. 우리는 종종 우리가 바라던 결과나 행복한 결말을 소망으로 착각한다. 다시 말해, 바라던 일이 이루어지지 않거나 우리가 "소망했던" 방식대로 이루어지지 않을 때 실망한다. 그러나 참 소망은 우리가 생각하는 "좋은"(선한) 것에 뿌리를 두지 않는다. 참 소망은 선하신 분에게 뿌리를 둔다.

이처럼 영원하고 변치 않는 소망을 흔들림 없이 단단히 붙잡을 수 있다. 하나님이 절대로 흔들리지 않으시기 때문이다. 하나님은 언제나 약속을 지키신다. 그러므로 우리는 하나님을 기다리며 언제나 소망을 가질 수 있다.

우리에게 약속하신 분은 신실하시니, 우리는 흔들리지 말고,
우리가 고백하는 그 소망을 굳게 지킵시다.

히브리서 10:23(새번역)

들숨

나는 주님께 둔
소망을 단단히
붙잡습니다.

날숨

주님은
신실하셔서
약속을 지키시기
때문입니다.

하나님은 당신을 사랑하신다

깊이 호흡하며 새겨라: 하나님은 선하시며 당신을 사랑하신다.

당신을 향한 하나님의 선하심과 사랑은 절대로 끝나지 않으며, 절대로 변하지 않는다. 하나님의 사랑은 신실하고 영원하다. 당신이 무엇을 한다고 해서 하나님이 이미 당신을 사랑하시는 것보다 조금이라도 더 사랑하시게 하거나, 조금이라도 덜 사랑하시게 할 수 없다. 하나님은 당신을 지금 모습 그대로 온전히, 완전하게 사랑하신다.

물론, 어떤 날은 자신이 하나님의 사랑에서 끊어졌다고 느낄 수 있고, 하나님의 깊은 사랑을 의심하는 날도 있을 수 있다. 하나님의 사랑을 언제나 당신의 영혼이 간절히 바라는 그대로 경험하지는 못하기 때문이다. 죄와 고난이 그렇게, 우리가 하나님의 깊은 사랑을 온전히 경험하지 못하게 만들곤 한다. 그러나 기도를 통해, 이처럼 단순한 호흡 기도를 통해, 당신의 영혼은 하나님을 향하고, 느낌이 당신에게 뭐라 말하려 하든 하나님이 당신을 깊이 사랑하시고, 당신과 함께하시며, 당신을 버리지 않으셨다는 사실을 깨닫게 될 것이다.

하나님의 선하심에 초점을 맞추고, 오늘 하나님이 당신을 향한 그분의 사랑을 보여주시는 방법을 모두 찾아보라. 두려움을 버리고 하나님의 사랑을 받아들여라.

할렐루야 여호와께 감사하라.
그는 선하시며 그 인자하심이 영원함이로다. 시편 106:1

들숨

주님,
주님은 선하시며,

날숨

주님의 사랑은
영원합니다.

가만히 있어도 된다

깊이 호흡하며 새겨라: 서두르길 그치고 가만히 있어도 된다.
하나님이 하나님이시고 그분이 당신에게 주신 삶은 선물이기 때문이다.
속도를 늦추고 오늘 이 삶을 누려라.

우리는 너무 쉽게 이 세상의 속도에 휩쓸린다. 잠시 멈춰 숨 쉴 틈도 없이 다음 장소로 달려간다. 늘 바쁘고 온갖 활동과 계획과 약속과 일정에 정신을 뺏긴다. 절대로 끝날 것 같지 않은 일정으로 달력을 빈틈없이 채운다. 일정을 소화하느라 머리가 어지럽고, 삶의 소용돌이에 비틀대며, 하루하루를 쳇바퀴처럼 도느라 쉴 틈이 없다.

오늘, 속도를 늦추고 가만히 있어 보라. 5분이라도 모든 것을 멈추고, 몸과 마음을 가만히 두며, 깊이 호흡하고, 하나의 진리에 초점을 맞춰라.

하나님이 하나님이시다. 당신이 하나님이 아니다. 내가 하나님이 아니다. 하나님만이 하나님이시다. 그분이 주관하신다.

우리가 속도를 늦춘다고 세상이 멈추지 않는다. 앤 보스캠프가 말하듯이, “삶은 긴급 상황이 아니다…. 삶은 선물이다.”[16] 삶의 모든 날은 우리를 지으셨고 사랑하시며, 우리의 삶이 절대로 정신없이 바쁜 것에 그치지 않길 바라시는 분이 주시는 선물이다. 오늘, 가만히 있어 그분이 하나님이신 것을 알기 바란다.

너희는 가만히 있어 내가 하나님 됨을 알지어다.

시편 46:10

들숨

내 영혼아, 가만히 있어라.

날숨

주님이 하나님이시다.

염려를 평안과 바꾸라

깊이 호흡하며 새겨라: 당신의 짐을 하나님께 내어놓을 때,
하나님은 당신의 지친 마음을 쉼으로 바꾸시고
염려를 평안으로 바꾸실 수 있다.

요즘 어떻게 쉬고 있는가? 진정한 쉼과 회복을 불안에 빼앗기고 있지 않은가?

우리는 삶에 어떤 어려움이 찾아들지, 그것이 얼마나 오래 지속되고 얼마나 심해질지 늘 통제할 수는 없다. 이 '알 수 없음' 때문에 큰 불안이 일어날 수 있다. 마음에 염려와 두려움이 가득할 때, 진정으로 쉬기란 거의 불가능하다.

그러나 하나님이 주관(통제)하신다. 하나님은 당신의 고통을 아시고, 그 고통이 얼마나 오래 지속되고 얼마나 심해질지 세세하게 아신다. 그리고 "내게 오라"고 말씀하신다. 당신의 짐을 그분께 맡기면, 알 수 없음 속에서도 쉼을 주겠다고 하신다. 알 수 없음이 불안을 일으키고 쉬지 못하게 할 수 있더라도, 그 알 수 없는 상황 속에서, 모르는 게 없으신 분을 신뢰할 때, 당신의 영혼이 그렇게도 절실히 필요로 하는 평안과 쉼을 실제로 찾을 수 있다.

오늘 그분의 쉼을 들이쉬고 당신의 짐을 내쉬어라. 모든 것을 통제하거나 알려고 애쓸 필요가 없다. 이미 모든 것을 주관하고 아시는 분 안에서서 안전하기 때문이다.

수고하고 무거운 짐 진 자들아 다 내게로 오라
내가 너희를 쉬게 하리라.

마태복음 11:28

들숨

내 모든 짐을
주님께 맡기니

날숨

주님이 내게 쉼을
주실 것입니다.

시선을 하나님께로 돌릴 수 있다

깊이 호흡하며 새겨라: 당신이 아무리 멀리 떠나 있더라도, 아무리 마음이 산만해져 있더라도, 하나님은 당신을 인도해 그분의 길로 되돌리려 하신다.

강물의 흐름처럼, 우리의 삶에도 늘 흐르는 물결이 있다. 바싹 주의하지 않으면 문화, 분주함, 소비, 공허한 추구와 같은 이 세상의 물결에 그냥 떠밀려 가며, 전혀 의도하지 않았던 방향으로 흘러갈 수 있다. 어느 순간 정신을 차려보면, 우리는 방향 감각과 목적의식을 모두 잃고, 한때 아주 분명하게 보았던 진리를 확신하지 못하게 될 수도 있다.

기도는 방향타와 같아서, 우리가 물살을 헤치고 나아가도록, 여울과 급류를 피하도록, 성경이 "헛되다"고 말하는—우리를 끌어내리고 우리의 목적에서 벗어나게 하며 불안에 몰아넣을 수 있는 것들을 피하도록 돕는다.

그래서 우리는 늘 기도한다. 늘 시선을 그리스도께로 돌린다. 세상의 물결은 우리를 그리스도로부터 떼어내고 우리의 주의를 다른 데로 돌리려는 술책을 절대로 멈추지 않기 때문이다.

오늘 하나님께 구하라. 주목할 가치가 없는 것들에서, 영원하지 않고 오래 가지 않으며 당신을 길에서 벗어나게 하고 두려움에 몰아넣는 것들에서 시선을 돌려 그분과 그분의 길을 향하게 해주시길 구하라.

내 눈이 헛된 것을 보지 않게 해주시고,
주님의 길을 활기차게 걷게 해주십시오.

시편 119:37(새번역)

들숨

내 눈이
헛된 것을
보지 않게
해주시고,

날숨

내가 주님의 길을
활기차게 걷게 해
주십시오.

하나님이 당신을 덮으신다

깊이 호흡하며 새겨라: 오늘, 하나님은 신실한 사랑의 깃털로 당신을 덮고 계신다.

언뜻 보기에, 깃털은 보호 기능이 별로 없을 것 같다. 깃털은 부드럽고 다소 약하다. 그러나 놀랍게도, 새의 깃털은 편안함을 주고 보호 기능도 있다.

깃털은 매끈한 부분과 폭신한 부분이 있다. 매끈한 부분은 일종의 비옷 역할을 하며 바람과 비를 막아주고, 솜털의 폭신한 부분은 단열 기능이 있어 체온을 지켜준다. 아기 새들은 아직 깃털이 다 자라지 않았기에 폭풍우와 밤의 추위에 안전하고 체온을 유지하려면 부모의 날개 아래 보호받아야 한다.

어미 새가 날개로 새끼를 덮은 모습을 본 적이 있다면 알 것이다. 폭풍이 계속되는 내내, 새끼들이 안전할 때까지, 어미 새는 필요하면 몇 시간이고 꼼짝 않고 앉아 있을 수 있다. 그 무엇도 그들의 주의를 다른 데로 돌리거나 보호 본능을 꺾을 수 없다. 새끼를 보호하는 어미 새는 꼼짝하지 않고, 굳건하며, 변함없고, 한 자리에 단단히 서 있다.

마찬가지로, 하나님의 신실한 사랑과 약속은 절대 흔들리지 않으며 언제나 참되다. 하나님은 당신의 방패와 갑옷이며, 당신은 아버지의 날개 아래 안전하고 따뜻하게 보호받는다.

주님이 그의 깃으로 너를 덮어 주시고 너도 그의 날개 아래로 피할 것이니,

주님의 진실하심이 너를 지켜주는 방패와 갑옷이 될 것이다.

시편 91:4(새번역)

들숨

주님의 깃으로 나를 덮어 주시니,

날숨

내가 주님의 날개 아래로 피합니다.

들숨

주님의 진실하심이

날숨

나를 지켜주는 방패와 갑옷입니다.

두려워하지 않아도 된다

깊이 호흡하며 새겨라: 하나님을 향하고 그분께 삶을 맡길 때,

하나님은 당신의 두려움을 능력과 사랑과 절제로 바꾸실 수 있다.

두려움이나 극심한 스트레스 때문에 통제력을 잃었다고 느낀 적이 있는가? 이런 일이 일어나는 생리학적 이유가 있다. 신경계가 위험을 감지하면, 몸이 투쟁이나 도피나 경직 반응을 준비하도록 편도체(때로 '감정 뇌'라 불린다)가 상황을 장악하고 말 그대로 전두엽(때로 '논리 뇌'라 불린다)을 우회한다. 심리학자 대니엘 골먼(Daniel Goleman)이 최초로 이것을 "편도체 하이재킹"이라 불렀다.[17] 몸은 의도적 생각을 하지 않고 자동적으로 반응하며, 그 결과 흔히 그 순간 자신의 반응이나 행동을 통제할 수 없다고 느낀다.

변연계(감정, 기억, 동기 부여, 행동 등을 담당하는 뇌의 부위)는 곰에게 공격받을 때처럼 실제 위협을 마주할 때 신체에 크게 도움이 되지만, "위험"이 단지 스트레스 상황일 때는 그다지 도움이 되지 않는다. 바로 이럴 때, 특히 꾸준히 훈련했다면, 호흡 기도가 큰 도움이 될 수 있다. 당신이 호흡을 늦출 때, 신경계는 두려워할 필요가 없다는 신호를 받는다. 그러면 편도체가 조금 진정되고 논리 뇌가 다시 제 기능을 하기 시작한다.

이 호흡 기도를 하고, 두려움의 감정을 진리의 말씀으로 대체하라.

하나님이 우리에게 주신 것은 두려워하는 마음이 아니요

오직 능력과 사랑과 절제하는 마음이니.

디모데후서 1:7

들숨

주님이 내게 주신 것은
두려워하는 마음이 아니요

날숨

오직 능력과 사랑과 절제하는
마음입니다.

하나님은 당신의 소원을 아신다

깊이 호흡하며 새겨라: 하나님은 당신의 마음을 아시며,
당신의 가장 간절한 소원을 아신다.

오늘, 당신은 무엇을 소원하는가? 입 밖에 낸 적 없는 소원, 누구와도 나눈 적 없으며 마음 깊이 자리한 소원일 수도 있겠다. 하나님은 당신의 마음을 보시며, 이미 아신다. 당신이 기도로 한마디 하기도 전에, 하나님은 당신의 마음에 자리한 모든 소원을 아신다. 하나님은 그 어떤 것에도 놀라지 않으신다. 우리의 소원을 어떻게 표현해야 할지 모를 때라도, 무엇을 위해 어떻게 기도해야 할지 모를 때라도, 성경은이렇게 말한다. "오직 성령이 말할 수 없는 탄식으로 우리를 위하여 친히 간구하시느니라. 마음을 살피시는 이가 성령의 생각을 아시나니 이는 성령이 하나님의 뜻대로 성도를 위하여 간구하심이니라"(롬 8:26-27).

오늘, 하나님께 나아가 털어놓아라. 당신의 소원을 그분께 내어놓고, 그분이 당신을 사랑하시며 오늘 당신의 손을 부드럽게 잡고 계시다는 사실을 마음에 새겨라.

여호와여, 주는 나의 소원을 아십니다.
주께서는 나의 탄식을 들으셨습니다.

시편 38:9(현대인의 성경)

들숨

주님은 나의 소원을 아십니다.

날숨

주님이 나의 탄식을 들으십니다.

하나님은 좋은 것을 주신다

깊이 호흡하며 새겨라: 하나님은 선하시다. 하나님은 당신과 함께하시며, 그분의 사랑으로 당신을 두르신다.

지금 마음에 불안이 가득하다면, 오늘의 기도를 마음 깊이 믿기 어려울 수도 있다. 마음에 두려움이 가득하고 불안이 신체에 미치는 매우 실제적 영향을 느끼고 있다면, 당신을 괴롭히는 것에서 눈을 돌려 당신을 두른 하나님의 사랑과 긍휼이라는 더 깊은 실제에 초점을 맞추는 게 불가능하다고 느낄 수 있다.

오늘, 잠시 시간을 내어 당신의 삶에서 좋은 것들을 몇 가지 적어보라. 당신은 무엇에 감사하는가? 먼저, 하나를 꼽아 보라. 그런 후에, 두 가지, 세 가지를 꼽아 보라. 조그마한 감사의 순간들이라도 우리와 우리를 두른 하나님의 선하심을 다시 연결하는 강력한 힘이 된다.

힘들고 무서운 일이 여전히 있을지 모른다. 그러나 하나님이 함께하신다. 하나님의 선하심은 가장 캄캄한 어둠이라도 뚫어낸다.

그가 나를 사망에서 구속하시고
사랑과 부드러운 긍휼로 내게 관을 씌우십니다.
그가 내 삶을 좋은 것들로 채우십니다.
내 젊음이 독수리처럼 새로워집니다.

시편 103:4-5(NLT)

들숨

주님이
사랑과 긍휼로
나를 두르시며,

날숨

주님이
내 삶을 좋은 것들로
채우십니다.

진리로 의심과 싸울 수 있다

깊이 호흡하며 새겨라: 주님이 하나님이시다. 주님이 당신을 지으셨기에 당신은 그분의 것이다. 이 진리를 자신의 영혼에 일깨울 때, 의심과 싸울 수 있다.

당신의 영혼에 진리를 들려주는 것은 의심을 몰아내는 강력한 힘이 있다.

- 당신의 가치를 의심하는가? 하나님이 당신을 지으셨고 당신 때문에 기쁨을 이기지 못하신다는 것을 당신의 영혼에 일깨워라(시 139:13; 습 3:17).
- 당신이 누구에게 속하는지 의심하는가? 당신은 그분의 것이고 언제나 그분께 속하고 그분과 함께할 것이라고 당신의 영혼에 일깨워라(시 100:3; 갈 2:20).
- 이 모든 고난의 목적을 의심하는가? 주님만이 하나님이시고 당신이 하나님이 아님을 당신의 영혼에 일깨워라. 그분은 아시고, 보시며, 일하길 절대 멈추지 않으신다(시 86:10; 46:10).
- 당신이 이 힘든 일을 해낼 능력이 있는지 의심하는가? 당신이 혼자가 아님을 당신의 영혼에 일깨워라. 하나님이 함께하시고 힘을 주신다(시 46:1; 빌 4:13).
- 하나님이 당신을 사랑하시는지 의심하는가? 하나님은 당신의 목자이며 당신이 상상도 못 할 만큼 당신을 깊이 돌보신다는 것을 당신의 영혼에 일깨워라(시 23:1; 요 10:11).

오늘, 당신은 자신의 의심에게 어떤 진리를 말해줄 수 있는가?

너희는 주님이 하나님이심을 알아라. 그가 우리를 지으셨으니,
우리는 그의 것이요, 그의 백성이요, 그가 기르시는 양이다.

시편 100:3(새번역)

들숨

주님, 주님이
하나님이심을 내가 압니다.

날숨

주님이 나를 지으셨으니,
나는 주님의 것입니다.

하나님은 언제나 당신과 함께하신다

깊이 호흡하며 새겨라: 하나님이 언제나 당신과 함께하시니,
두려워할 필요가 없다.

하나님은 당신이 헐떡이며 고난의 골짜기를 다 오르고 나면 만나려고 산꼭대기에 가만히 앉아 기다리시는 분이 아니다. 하나님은 캄캄한 골짜기 저편에서, 햇살이 비치고 그늘이 당신 뒤로 멀어진 곳에서만 찾을 수 있는 분이 아니다. 하나님은 바로 골짜기 가운데서, 당신이 마주하는 가장 깊은 두려움 가운데서, 아무리 음침한 곳이라도 당신과 함께 계신다. 지금 이 순간 당신이 어떤 상황 가운데 있든, 하나님은 그곳에 당신과 함께 계신다.

기도는 고난의 골짜기를 곧바로 벗어나는 길을 약속하지 않는다. 그러나 기도는 영혼의 주파수를 하나님의 임재에 맞추는 방법이다. 시편 23:4은 "만일 내가 사망의 음침한 골짜기를 다닌다면"이라고 말하지 않고 "내가 사망의 음침한 골짜기를 다닐지라도[다닐 때도]"라고 말한다. 골짜기를 만날 것이다. 어둠이 우리의 길을 덮을 것이다. 그러나 하나님은 우리와 함께 골짜기를 지나며 우리 곁에서 여정을 함께 하겠다고 약속하신다.

오늘 기도할 때, 어둠 속에서 손을 뻗어 하나님의 손을 느껴보라. 하나님은 바로 당신 곁에서 걷고 계시며, 당신 곁을 절대로 떠나지 않으실 것이다.

내가 사망의 음침한 골짜기로 다닐지라도 해를 두려워하지 않을 것은
주께서 나와 함께하심이라
주의 지팡이와 막대기가 나를 안위하시나이다. 시편 23:4

들숨

내가 두려워하지 않으리니,

날숨

주님이 나와 함께하시기 때문입니다.

하나님은 당신을 기뻐하신다

깊이 호흡하며 새겨라: 당신을 향한 하나님의 사랑과 기쁨은 그 무엇과도 비교할 수 없다. 오늘도 하나님은 당신으로 인해 기뻐하신다.

지쳐 있을 때, 하나님이 당신을 붙잡아주심을 믿는가? 두려울 때, 하나님이 당신을 사랑하심을 신뢰하는가? 상처 입었을 때, 하나님이 당신을 품어주심을 확신하는가?

오늘, 이 진리에 집중하라.

하나님은 당신의 전사요 보호자이며, 당신의 피난처이고, 당신을 위해 싸우신다. 하나님은 또한 당신 곁을 절대 떠나지 않는 다정한 목자이며, 당신이 상처 입을 때 부드럽게 안아주시고, 당신의 두려움을 잠재우시며, 사랑으로 당신을 평온케 하신다.

엄마가 자녀를 보며 노래하듯이, 하나님은 당신을 보며 노래하신다. 하나님은 비할 데 없는 연민과 다정함으로 당신을 사랑하신다. 오늘, 하나님의 사랑이 당신의 두려움을 잠잠하게 하도록 맡겨라. 당신은 정말로 깊이 사랑받고 있다.

너의 하나님 여호와가 네 가운데 사신다. 그분은 전능하신 구원자시다.
그분이 너를 기뻐하고 즐거워하시리라. 사랑으로 네 두려움을 잠재우시리라.
기쁨의 노래로 너를 기뻐하시리라.

스바냐 3:17(NLT)

들숨

주님은 사랑으로

날숨

나의 모든 두려움을 잠재우시며,

들숨

기쁨의 노래로

날숨

나를 기뻐하십니다.

하나님은 당신에게 평안을 주신다

깊이 호흡하며 새겨라: 평안은 어둠을 부정하거나 감정을 숨긴다고 찾아오는 것이 아니다. 상황이나 감정이 어떠하든 생각을 그리스도께로 돌릴 때 비로소 평안이 찾아온다.

누구나 감정을 느낀다. 두려움, 부끄러움, 슬픔, 비탄, 공포, 외로움, 분노, 기쁨은 사람이라면 느끼는 감정이다. 감정을 느끼는 것은 괜찮다. 하나님이 우리를 그런 존재로 지으셨다. 감정을 느끼는 것이 문제가 아니라 감정에 어떻게 반응하냐가 문제를 일으킬 수 있다. 그러면 감정에 반응하는 방식을 어떻게 바꿀 수 있을까? 우리가 어떤 감정을 느끼든, 생각을 집중하는 방식을 바꾸면 가능하다.

우리는 불안 같은 강한 감정을 느낄 때, 자기 자신과 자신의 감정이 일으키는 불편함에 집중하는 경향이 있다. 물 위를 걸어 예수님을 향하던 베드로를 기억하는가(마 14:28-30)? 베드로는 예수님에게서 눈을 돌려 파도에 집중하자 물에 빠지기 시작했다. 이와 비슷하게, 우리는 감정에 민감하고 염려라는 파도의 크기에 집중할 때, 금세 평안을 잃고 물에 빠지는 것처럼 느낄 수 있다. 그러나 그리스도께 집중하고 우리를 향한 그분의 사랑에 집중하면, 더 나은 시각을 가지고 감정을 헤쳐 나가며, 그분과 더 가까워지는 방식으로 감정에 반응할 수 있다.

오늘, 생각을 그리스도께 집중하라. 그러면 그 어떤 파도가 에워싸도 평안을 누릴 수 있다.

주님은 주님을 신뢰하는 모두에게, 생각을 주님께 고정하는 모두에게 완전한 평안을 주실 것입니다. 이사야 26:3(NLT)

들숨

주님, 나의
생각을 주님께
고정합니다.

날숨

내게 완전한
평안을
주십시오.

모든 것이 딱 들어맞는다

깊이 호흡하며 새겨라: 보이는 것이 전부가 아니다.
믿음으로 산다는 말은 아직 전체 그림을 볼 수 없더라도
모든 조각이 딱 들어맞는다는 것을 믿는다는 뜻이다.

우리는 하나님이 우리의 삶에서 일하시는 방식을 모두 다 볼 수는 없다. 이따금, 우리는 잊혔거나 혼자이거나 두렵다고 느낄 수도 있다. 그러나 진실은 우리가 절대로 혼자가 아니며 하나님은 단 한 순간도 일을 멈추지 않으신다는 것이다. 하나님은 결코 우리를 떠나지 않으신다.

우리는 모든 날, 모든 시련, 엉망이고 불완전한 모든 순간이 어떻게 딱 들어맞는지 알지 못한다. 오늘 하루, 이 계절, 이 고난은 훨씬 큰 그림의 작은 조각들이다. 퍼즐 조각처럼, 우리는 손에 들린 작은 조각 하나에만 집중하는 경향이 있다. 이 작은 조각을 곰곰이 생각하며, 억지로 끼워 맞추거나 이해하려 한다. 그러나 작은 조각 하나만 바라보면 더 크고 아름다운 그림을 보지 못한다. 작은 조각 자체는 지금 당장 이해되지 않더라도 나머지 조각들과 어울릴 때 훌륭하고 아름다운 그림이 나타날 것이다.

삶의 조각들을 하나님께 맡기고, 하나님이 그 모든 조각을 맞춰 그분의 은혜를 드러내는 아름다운 그림을 만들어가고 계신다는 것을 믿어라.

우리는 믿음으로 살아가지,
보는 것으로 살아가지 아니합니다.

고린도후서 5:7(새번역)

들숨

내가 보는 것으로 살지 않고

날숨

믿음으로 살도록 도와주십시오.

당신은 기쁨으로 충만할 수 있다

깊이 호흡하며 새겨라: 하나님은 소망의 근원이며,
당신이 그분을 신뢰할 때 기쁨과 평안으로 당신을 채우실 수 있다.

오늘, 당신은 무엇으로 충만한가? 생각과 마음에 두려움이나 불안이 가득한가? 아니면 기쁨과 평안이 충만한가?

우리는 누구나 항상 두려움과 불안이 아니라 기쁨과 평안이 충만하길 바란다. 그러나 우리 힘으로는 불가능해 보일 때가 많다. 솔직히, 불가능하다. 의지력만으로 두려움을 내려놓고 기쁨으로 충만할 수는 없다. 더는 불안을 느끼지 않고 평안이 충만하도록 자신을 늘 강제할 수는 없다. 불안은 흔히 정신적인 문제인 만큼이나 신체적인 건강의 문제이기 때문이다. 호흡 훈련은 몸을 진정시키고 두려움과 불안이 신체에 미치는 영향을 줄이는 데 도움이 될 수 있지만, 호흡만으로 우리를 기쁨과 평안으로 채우거나 우리에게 확고한 소망을 줄 수는 없다. 오직 하나님만이 이렇게 하실 수 있다.

그러므로 깊이 호흡하라. 불안을 해결할 도구를 주신 하나님께 감사하라. 오늘, 하나님이 당신을 만나주시고 당신의 마음에 기쁨과 평안을 주시길 구하라.

소망의 하나님이 모든 기쁨과 평강을 믿음 안에서 너희에게 충만하게 하사
성령의 능력으로 소망이 넘치게 하시기를 원하노라.

로마서 15:13

들숨

내가 소망의 하나님을 신뢰합니다.

날숨

기쁨과 평강으로 나를 채워주십시오.

하나님은 당신을 건져내신다

깊이 호흡하며 새겨라: 오늘 당신이 어디에 있으며 어떻게 그곳에 이르렀는지, 하나님은 이미 아신다. 하나님은 당신의 고난을 보시고, 당신에게 무엇이 필요한지 정확히 아신다.

에덴동산에서 아담과 하와는 죄를 범한 후 두렵고 부끄러워 하나님을 피해 숨었고, 하나님은 아담에게 "네가 어디 있느냐?"고 물으셨다. 하나님이 이렇게 물으신 것은 이들이 어디 있는지 또는 무엇을 했는지 아직 모르시기 때문이 아니었다. 이는 하나님 자신을 위해서가 아니라 그들을 위한 질문이었다. 하나님은 지금도 같은 질문을 우리에게 하신다.

네가 어디 있느냐? 네가 정말로 어떻게 지내느냐?

최근에 자신의 신체적·영적 상태를 정직하게 들여다 보았는가? 몸은 어떤가? 속도를 늦추고 주의를 집중하라고 말하는 증상은 없는가? 당신의 영혼은 어떠하며, 당신과 하나님의 관계는 어떠한가? 고백해야 할 것이 있지는 않은가? 몸이나 영혼의 균형을 깨는 것이 있지는 않은가?

오늘, 당신은 어디 있는가?

하나님은 이미 아신다. 당신을 어떻게 도울지, 어떻게 건져낼지 아신다. 숨었던 곳에서 나와 하나님이 당신을 돌보도록 맡길 만큼 그분을 신뢰하는가? 오늘, 당신의 짐을 하나님 앞에 내려놓고, 그분의 사랑으로 당신을 덮으시게 하라.

나의 고난을 보시고 나를 건지소서 내가 주의 율법을 잊지 아니함이니이다.

시편 119:153

들숨

주님,
나의 고난을 보시고

날숨

나를 건져주십시오.

하나님은 당신을 아신다

깊이 호흡하며 새겨라: 당신이 하나님을 알고 하나님이 당신을 아시길 바라는 당신 영혼의 가장 깊은 갈망이 그리스도를 통해 이뤄진다.

우리는 하나님과의 관계를 위해 창조되었다. 우리가 하나님을 알고 하나님이 우리를 아시도록 만들어졌다. 이 관계가 모든 것을 바꿔놓는다. 이 관계가 새 생명을 우리의 영혼에 불어넣고, 참 평안을 주며, 하나님이 우리의 삶에서 모든 것을 새롭게 하시는 과정이 시작되게 한다.

예수님을 믿고 하나님께 나아갈 때, 우리는 우리를 지으셨고 사랑하시는 분, 못 박혔던 손을 내밀어 하늘과 땅의 간극을 메우는 다리를 놓으시고 우리와 그분의 깨어진 관계를 고치시는 분과 다시 연결된다. 구원 안에서 그리스도의 사랑을 경험할 때, 우리의 영혼은 그분을 점점 더 갈망한다. 그분은 우리의 생명수, 참 생명과 평안의 근원이시다. 그분이 우리를 지탱하고 새롭게 하신다.

두렵거나 불안할 때, 당신의 마음은 안도감을 필사적으로 찾느라 정작 당신에게 필요한 것을 어디서 찾아야 하는지 잊을 수 있다. 당신의 영혼이 가장 참되고 가장 깊은 그 갈망, 곧 하나님을 향하게 하면서 이 기도를 드려라.

사슴이 시냇물을 찾기에 갈급함 같이
내 영혼이 주를 찾기에 갈급하니이다.

시편 42:1

들숨

사슴이 시냇물을 찾기에 갈급함 같이

날숨

내 영혼이 주님을 찾기에 갈급합니다.

하나님께 당신을 위한 계획이 있다

깊이 호흡하며 새겨라: 하나님은 당신을 위한 계획을 가지고 계신다.
그러므로 당신은 하나님을 신뢰할 수 있다.

매일 우리는 선택을 마주한다.

- 나 자신의 계획을 신뢰할 수도 있고, 하나님의 약속을 신뢰할 수도 있다.
- 나 자신의 느낌을 의지할 수도 있고, 하나님의 신실하심을 의지할 수도 있다.
- 나 자신의 길을 갈 수도 있고, 하나님을 따르고 그분의 길을 갈 수도 있다.
- 미래가 어떻게 펼쳐질지 염려할 수도 있고, 미래를 펼치시는 분을 신뢰하며 쉼을 얻을 수도 있다.
- 나의 계획을 단단히 붙잡을 수도 있고, 그 계획을 내려놓고 그저 하나님의 손을 잡고 그분의 계획이 나의 계획보다 훨씬 낫다는 것을 믿을 수도 있다.

앞날이 어떨지, 나는 알지 못한다. 그러나 하나님은 아신다. 하나님은 나를 위한 그분의 계획이 선하고 희망이 넘친다고 말씀하신다.

이 호흡 기도로 기도할 때, 그 내용을 실제로 믿는가? 하나님이 당신을 위한 계획을 가지고 계심을 믿고, 그분이 당신을 위해 준비하신 희망과 미래를 진정으로 믿으며 산다면, 당신의 삶은 어떻게 달라지겠는가?

여호와의 말씀이니라. 너희를 향한 나의 생각을 내가 아나니 평안이요
재앙이 아니니라. 너희에게 미래와 희망을 주는 것이니라. 예레미야 29:11

들숨

나를 향한
주님의 계획을
신뢰합니다.

날숨

주님이 내게
희망과 미래를
주십니다.

당신의 생각을 바꿀 수 있다

깊이 호흡하며 새겨라: 하나님의 일에 생각을 집중하는 훈련을 함으로써 당신의 마음을 새롭게 할 수 있다.

"눈 가는 곳에 발도 간다"는 속담을 들어보았을 것이다. 어디에 초점을 맞추느냐에 따라 방향이 결정된다는 뜻이다.

무엇을 생각하느냐는 중요하다. 마음을 어디에 집중하느냐는 당신의 결정과 방향에 영향을 줄 뿐 아니라 뇌와 신경계도 영향을 줄 수 있다. 어떤 행동을 반복할수록 뇌에서 더 강한 연결고리가 형성된다. 이 때문에, 스트레스 상황에서 부정적 사고 패턴이나 자율 반응을 끊어내기가 어려울 수 있다. 그러나 또한 이 때문에, 우리는 희망을 품을 수 있다. 사고 패턴을 전환하면 실제로 뇌에 변화를 일으킬 수 있기 때문이다. 놀랍게도, 생각을 죄나 염려나 두려움에서 돌이켜 참되고 경건하며 칭찬받을 만한 것에 마음을 의도적으로 집중하면, 실제로 뇌에서 새로운 신경 연결 통로가 생성될 수 있다. 이 같은 행동을 반복할수록, 생각을 돌리는 훈련을 할수록, 이러한 신경 연결 통로는 더 깊어진다.

몸에서 불안 증세가 느껴지기 시작할 때, 이것을 신호로 받아들여 생각을 참된 것으로 돌려라. 두려움이 당신의 하루에 스며드는 게 느껴질 때, 사랑스러운 것으로 생각을 돌려라. 죄의 유혹을 받을 때, 옳고 정결한 것으로 생각을 돌려라. 하나님의 것으로 생각을 돌리도록 뇌를 훈련하라. 할수록 쉬워질 것이다. 이렇게, 당신은 뇌의 신경 연결 통로를 바꾸고 "마음을 새롭게 함으로 변화를 받는" 일에 참여하게 된다(롬 12:2).

끝으로 형제들아 무엇에든지 참되며 무엇에든지 경건하며 무엇에든지 옳으며 무엇에든지 정결하며 무엇에든지 사랑 받을 만하며 무엇에든지 칭찬 받을 만하며 무슨 덕이 있든지 무슨 기림이 있든지 이것들을 생각하라. 빌립보서 4:8

들숨

주님, 나의 생각을

날숨

__________(한) 것으로 돌려주십시오.

(기도할 때 집중할 한 가지, 또는 그 이상을 선택하라:
참된, 경건한, 옳은, 정결한, 사랑받을 만한, 칭찬받을 만한)

고통 중에 하나님을 신뢰할 수 있다

깊이 호흡하며 새겨라: 당신은 고통 속에서도 하나님을 신뢰할 수 있다.

오늘 당신은 어떤 고통 가운데 있는가? 하나님이 고쳐주셨으면 하는 아픔이나 상처나 질병이 있는가? 우리가 치유를 구하며 기도하는 것은 하나님이 위대한 치유자이기 때문이고, 우리가 기적을 구하며 기도하는 것은 하나님이 기적의 하나님이기 때문이다. 이 모든 기도는 선하고 옳은 일이다.

그러나 이 땅에서 모든 상처가 치유되는 것은 아니다. 때때로, 아픔이 지속되고, 고통이 길어지며, 고생이 쉽게 끝나지 않는다. 만성 통증이나 정신 건강 문제를 안고 살아가는 사람들은 공감할 것이다. 그러나 이것은 하나님이 우리의 기도를 듣지 않으시거나 우리의 믿음이 부족하다는 뜻이 아니다.

사실 하나님은 고난의 잔을 늘 거두어주시지는 않는다. 하나님은 이 고난의 잔을 완전하고 사랑하는 아들에게서조차 거두어주지 않으셨다. 우리가 하나님의 길이나 하나님의 뜻을 완전히 이해하지 못하더라도, 하나님의 마음을 늘 신뢰하고 그분의 지혜 안에서 쉼을 얻을 수 있다.

팀 켈러(Tim Keller)는 이렇게 말한다. "하나님의 뜻이 이루어지길 구하는 기도란, '이것이 내게 필요한 것이지만, 주님께서 가장 잘 아십니다'라고 고백하는 것이다. 우리의 모든 필요와 바람을 그분의 손에 내어놓는 것은 오직 기도를 통해서만 가능한 일이다. 이렇게 그분의 손에 맡길 때, 다른 무엇도 줄 수 없는 위로와 쉼을 얻게 된다."[18]

아버지, 만일 아버지의 뜻이면, 내게서 이 잔을 거두어 주십시오.
그러나 내 뜻대로 되게 하지 마시고, 아버지의 뜻대로 되게 하여 주십시오.

누가복음 22:42(새번역)

들숨

아버지, 만일 아버지의 뜻이면,

날숨

이 고난을 내게서 거두어 주십시오.

들숨

그러나 내 뜻대로 되게 하지 마시고

날숨

아버지의 뜻대로 되게 하여 주십시오.

하나님의 인자하심이 당신을 따른다

깊이 호흡하며 새겨라: 무슨 일을 만나든지, 하나님의 인자하심과 선하심이 평생에 늘 당신을 따르고 좇으며 동행한다.

캄캄하고 힘든 날들을 지나온 적이 있다면, 그날들이 끝없이 계속되는 것처럼 보일 수 있다는 것을 안다. 한창 어려운 시기를 겪고 있다면, 이런 날들이 영원히 계속되지 않으리라는 것을, 하나님의 선하심과 인자하심이 여전히 항상 밀려오고 있음을 기억하기 어려울 때가 있다. 진실은, 당신이 보거나 느끼지 못할 때도, 하나님의 인자하심이 평생에 날마다 당신을 따르고 두른다는 것이다. 확신해도 좋다. 캄캄하고 힘겨운 모든 날에, 은혜 위에 은혜가 쏟아질 것이다. 마침내 새로운 것이 현재의 고통이라는 단단한 땅을 뚫고 솟아오르고, 빛이 캄캄했던 곳을 휩쓸어 무서운 그늘을 몰아낼 때까지, 하나님의 선하심과 인자하심이 당신의 모든 날들을 채울 것이다.

그렇다면, 아무리 봐도 좋은 것이 하나도 보이지 않을 때, 어떻게 하나님의 선하심을 볼 수 있을까? 찾아보라. 하나님의 은혜와 인자하심이 당신의 날들을 채우는 작은 방식들에 주목하라. 친구의 미소, 살갗에 닿는 보드라운 담요, 따뜻한 커피 한 잔, 길가에서 마주치는 작은 꽃 한 송이. 오늘, 하나님의 선하심을 찾아보라. 하나님의 인자하심에 초점을 맞춰라. 절대로 멀리 있지 않다.

내 평생에 선하심과 인자하심이 반드시 나를 따르리니
내가 여호와의 집에 영원히 살리로다.

시편 23:6

들숨

내 평생에
주님의 선하심과
인자하심이

날숨

반드시 나를
따를 것입니다.

하나님은 당신의 발걸음을 견고하게 하신다

깊이 호흡하며 새겨라: 죄는 우리를 넘어지게 하지만,

하나님은 당신의 발걸음을 견고하게 하실 수 있다.

타락 이후, 우리는 죄로 기울어진 존재로 태어난다. 견고하고 바르게 살지 못하고 삐딱하게 걷다가 제 발에 걸려 비틀대고 넘어진다. 이 때문에, 하나님이 우리를 위해 계획하신 길에서 벗어나기 쉽고 자신도 모르게 두려움과 수치의 숲에서 길을 잃는다.

기도는 우리를 하나님께 더 가까이 이끌고, 우리의 영혼을 하나님의 사랑과 용서의 길로 다시 인도해 고집불통인 우리의 성향을 바로잡는다. 우리가 기도로 하나님께 가까이 다가가고, 우리의 죄를 사하시고 우리를 그분의 완전한 길로 되돌려주시길 그리스도께 구할 때, 하나님은 우리의 발걸음을 견고하게 하신다. 우리를 하나님에게서 멀어지게 했던 타락한 성향이 이제 그분께 우리를 내어 맡기는 성향으로 바뀐다. 그리스도와 그분의 약속을 의지할 때, 그분이 우리를 넘어지지 않게 지켜주시리라 믿을 수 있다.

오늘, 자신이 조금 비틀거린다고 느끼는가? 하나님을 향해 돌아서고, 당신의 발걸음을 견고하게 하시겠다는 그분의 약속을 신뢰하라.

나의 발걸음을 주의 말씀에 굳게 세우시고

어떤 죄악도 나를 주관하지 못하게 하소서

시편 119:133

들숨

나의 발걸음을 주님의 말씀에 굳게 세우시고

날숨

어떤 죄악도 나를 주관하지 못하게 하소서.

하나님이 하나님이시다

깊이 호흡하며 새겨라: 하나님은 우리가 알 수 없는 모든 것을 다스리신다. 당신의 미래를 맡기기에 하나님의 손보다 더 안전한 곳은 없다.

나는 단순한 진리를 이따금 되새겨야 할 필요가 있다. '하나님이 하나님이시며, 내가 하나님이 아니다.'

나는 삶의 세세한 모든 부분을 어떻게든 통제하고 싶어 한다. 그래서 모든 일에 계획을 세우고, 일정을 정하며, 목록을 작성한다. 무슨 일이 일어날지 예측하고, 어떻게 대응할지 연습한다. 스트레스와 불안이 몰아닥칠 위험을 최소화하려고 나의 하루하루를 조율하려 노력한다. 그러나 마음 깊은 곳에서, 내가 가졌다고 생각하는 그 어떤 통제권도 허상일 뿐이라는 것을 안다. 나는 통제력을 발휘해 어떻게든 나의 불안을 조절하려 한다. 그러나 사실, 통제하려는 욕망이 오히려 내가 피하려 애쓰는 불안을 일으킨다.

하나님이 하나님이시다. 내가 하나님이 아니다. 세세한 모든 부분을 염려하지 말고, 우리의 염려를 능하신 하나님의 손에 맡겨도 괜찮다. 염려한다고 나쁜 일이 일어나지 않는 것이 아니다. 염려는 현재의 기쁨을 빼앗을 뿐이다. 하나님이 하나님이심을 인정하라. 그리고 오늘, 그분의 선하심 안에서 쉼을 얻어라.

주님은 위대하셔서 놀라운 일을 하시니,

주님만이 홀로 하나님이십니다.

시편 86:10(새번역)

들숨

주님은 위대하셔서
놀라운 일을 하시니,

날숨

주님만이 홀로 하나님이십니다.

당신은 완벽하게 사랑받고 있다

깊이 호흡하며 새겨라: 당신은 하나님의 완벽하고 완전한 사랑을 받고 있다. 두려워할 것이 없다.

당신을 향한 하나님의 한결같고 끝없는 사랑을 얼마나 확신하는가? 자신의 감정이나 환경 때문에 하나님의 사랑을 의심한 적이 있는가? 어떤 상황이나 사건 때문에 하나님이 당신을 더는 사랑하지 않으실까 두려운가?

우리는 때때로 하나님의 사랑에서 끊어졌다고 느낀다. 죄가 우리의 영혼과 하나님 간의 가깝고 친밀한 연결을 끊어놓기 때문이다. 이렇게 되면, 하나님의 사랑을 우리가 갈망하는 방식으로 느끼지 못해 그분의 사랑을 의심하게 될 수도 있다.

그러나 사랑은 단순히 느낌이 아니다. 우리를 향한 하나님의 사랑은 진리이고 약속이다. 기도는 우리를 하나님과 다시 연결하고 우리에게 일깨운다. 우리의 느낌이 뭐라고 말하든 간에, 하나님은 우리를 사랑하시며 우리와 함께하시고, 하나님의 사랑과 임재가 어디로 사라진 게 아니라는 것이다. 우리가 하나님의 사랑에 뿌리를 내리고 그 사랑을 확신할 때, 그 어떤 두려움도 그 사랑을 흔들지 못한다. 하나님의 완전한 사랑이 우리의 두려움을 내쫓는다.

사랑 안에 두려움이 없고 온전한 사랑이 두려움을 내쫓나니
두려움에는 형벌이 있음이라.
두려워하는 자는 사랑 안에서 온전히 이루지 못하였느니라.

요한일서 4:18

들숨

주님의 사랑 안에

날숨

두려움이 없습니다.

당신이 부를 때, 하나님은 가까이 계신다

깊이 호흡하며 새겨라: 당신이 하나님을 부를 때,
하나님은 당신 곁에 가까이 계신다.

당신이 하나님을 부를 때, 그분은 당신 가까이 계신다. 바로 당신 옆에 오시며, 당신 곁을 떠나지 않으신다.

하나님이 거기 계시는데도, 그분의 임재를 늘 '느끼지는' 못할 수도 있다. 때때로 우리의 두려움과 불안이 모든 것을 압도하며, 이런 순간에 우리는 혼자이며 버림받았다고 느낀다. 그러나 우리가 붙잡을 수 있는 진리와 약속이 있다. 어떤 감정을 느끼더라도, '우리가 부를 때 하나님은 가까이 계신다'는 것이다. 하나님의 임재는 한계가 없으며, 그분의 이름을 부르는 데 그 어떤 자격 요건도 없다. 하나님은 단지 특정 순간에, 일부 사람들에게만 가까이 계시는 분이 아니다. 하나님은 그분을 부르는 모든 사람 가까이 계시겠다고 약속하신다. "하나님을 가까이하라 그리하면 너희를 가까이하시리라"(약 4:8).

오늘, 당신의 마음이 두려움이나 염려로 소용돌이치고 있을는지 모른다. 당신은 혼자가 아니다. 깊이 호흡하고, 흔들리지 않는 하나님의 임재 안에서 쉼을 얻어라.

주님은, 주님을 부르는 모든 사람에게 가까이 계시고,
진심으로 부르는 모든 사람에게 가까이 계신다.

시편 145:18(새번역)

들숨

주님은 주님을 부르는
모든 사람에게

날숨

가까이 계십니다.

당신은 힘든 일을 해낼 수 있다

깊이 호흡하며 새겨라: 하나님은 당신이 힘든 일을 하는 데 필요한 능력을 주신다.

당신은 힘든 일을 해낼 수 있다. 당신이 강하기 때문이 아니라 하나님이 강하시기 때문이다.

유행하는 밈이나 동기 부여 문구들은 무엇이든 마음만 먹으면 할 수 있는 능력이 당신 속에 있다고, 당신에게 필요한 모든 것이 이미 당신 속에 있다고, 당신 자신을 믿기만 하면 무엇이든 할 수 있다고 말할는지 모른다. 그러나 진실은 당신의 능력이 유한하다는 것이다. 당신의 능력은 끝이 있다. 삶에서 어떤 일들은 실제로 너무 힘들어 당신의 능력으로 감당할 수 없을 때가 있다.

진정한 능력, 쇠하지 않는 능력은 우리 내면에서 오지 않는다. 그것은 능력의 근원이신 분, 우리를 지으신 분, 모든 것에 생명과 호흡과 힘을 주시는 분에게서 온다. 자신을 믿는 데서 오는 능력과 그분을 믿는 데서 오는 능력은 비교할 수 없다.

당신의 삶을 움켜쥔 손을 풀어라. 근육을 이완하고, 손아귀에 힘을 풀며, 하나님의 능력이 당신을 붙들도록 맡겨라. 당신이 강할 필요는 없다. '그분이 충분히 강하시기' 때문이다. 당신이 모든 해답을 내놓을 필요는 없다. '그분이 최종 해답이기' 때문이다. 당신이 이 힘든 길을 걸을 수 있는 것은 '그분이 길을 열고 계시기' 때문이다.

내게 능력 주시는 자 안에서 내가 모든 것을 할 수 있느니라.

빌립보서 4:13

들숨

내게 능력 주시는
그리스도 안에서

날숨

내가 모든 것을
할 수 있습니다.

하나님과 함께라면 불가능은 없다

깊이 호흡하며 새겨라: 하나님이 당신과 함께하신다.

하나님과 함께라면 불가능은 없다.

오늘, 어떤 불가능한 일을 마주하고 있는가? 당신이 감당하기에 너무 힘들고, 너무 크며, 너무 벅차 보이는 것은 무엇인가? 어쩌면 당신의 불가능한 일은 갈등, 배신, 결정, 진단, 과제, 혹은 도무지 헤쳐나갈 길을 찾을 수 없는 상황일 수 있다. 당신의 불가능은 불안일 수도 있다. 삶의 상황이 전혀 나아질 것 같지 않고, 그 영향에서 절대 벗어나지 못할 것처럼 느껴질 수도 있다. 당신이 마주하는 이 불가능은 인간적으로는 '실제로' 불가능할 수도 있다.

당신은 이 불가능이 일으키는 스트레스를 몸에 짊어지고 있을는지 모른다. 마음이 짓눌려 신경계가 균형을 찾으려 애쓰고 있을는지 모른다. 당신은 삶에서 불가능이 몸에 지우는 짐을 '느끼고' 있을 것이다.

그러나 하나님은 가장 불가능한 불가능보다 크시고, 당신이 몸과 영혼으로 느끼는 중압감보다 크시다. 하나님과 함께라면, 모든 것이 가능하다. 당신의 불가능한 일을 하나님께 맡기고, 눈앞의 불가능 대신에 그분의 임재에 초점을 맞춰라. 그분이 당신의 마음을 새롭게 하시고 당신을 변화시키실 것이다.

예수께서 그들을 눈여겨보시고, 말씀하셨다.

"사람에게는 불가능하나, 하나님께는 그렇지 않다.

하나님께는 모든 일이 가능하다."

마가복음 10:27(새번역)

들숨

사람에게는 불가능하나,

날숨

하나님께는 모든 일이 가능합니다.

하나님은 당신의 상처를 싸매길 원하신다

깊이 호흡하며 새겨라: 하나님은 상한 것을 고치고,
치유하는 은혜로 당신의 상처를 싸매길 원하신다.

때때로, 우리가 겪었던 상처나 트라우마가 불안의 뿌리다. 트라우마는 불안장애를 비롯해 실제로 많은 정신 건강 문제의 주요 원인이다. 오늘 잠시 멈추어, 당신의 아픔과 과거를 하나님께 아주 솔직하게 털어놓아라. 아직 인정하지 못하고 치유 받지 못한 트라우마가 있는가? 상심이나 배신이나 학대나 버림받음에서 비롯된 상처가 아직도 남아 있는가? 하나님은 당신을 사랑하시며, 당신을 짓누르는 이러한 상처를 싸매길 원하신다.

예수님의 사랑이 당신의 모든 상처에 약이 되게 하라. 그분은 당신의 모든 상처를 자비롭게 싸매실 수 있다. 기적을 통해 그렇게 하실 수도 있고, 당신의 삶에 두신 사람들이나 치료나 혹은 의학적 개입을 통해 일하실 수도 있다. 어떤 상처는 깊고, 트라우마는 전문가의 도움이 필요할 때가 많다. 괜찮다. 도움을 구하는 것은 부끄러운 일이 아니다. 오히려, 당신이 손을 내밀어 치유 과정을 시작할 때, 새로운 힘이 생긴다. 하나님이 거기서 당신을 만나실 것이다.

상심한 자들을 고치시며 그들의 상처를 싸매시는도다.

시편 147:3

들숨

주님은 상심한 자들을 고치시며

날숨

그들의 상처를 싸매주십니다.

통제하려는 마음을 내려놓아도 된다

깊이 호흡하며 새겨라: 통제하려는 마음을 내려놓고
하나님의 사랑의 요새에서 쉼을 얻을 수 있다.

나는 계획 세우는 일을 잘한다. 그리고 내 생각에 무엇이 어떻게 이루어지는 것이 가장 좋을지 하나님께 알려드리곤 한다. 나는 앞장서길 좋아하고, 통제하길 좋아하며, 세세한 부분까지 일일이 관리하길 좋아한다. 통제하려는 나의 욕망은 흔히 완벽주의로 나타나고, 끝없는 목록과 목표로 나타나며, 더없이 높은 기대치로 나타난다. 나는 통제가 안전을 보장하고, 삶을 안정되고 예측 가능하게 하며, 내가 닦은 길을 벗어나지 않게 해준다고 생각하곤 한다. 그러나 통제는 허상이며, 완벽주의는 감옥이다.

진실은, 삶이란 예측할 수 없고 변화무쌍하다는 것이다. 우리는 모든 것을 통제하도록 창조되지 않았고, 하나님의 통제(다스림)를 신뢰하도록 창조되었다. 하나님은 한결같고, 그분의 말씀은 절대 변하지 않는다. 완벽주의와 통제라는 허약하고 견고하지 못한 성벽과 달리, 하나님은 참 반석이고 요새이며, 어떤 공격에도 끄떡없는 강하고 견고한 방패다. 우리의 삶을 이끌고 인도하시는 하나님의 지혜를 의지할 때, 불안의 사슬이 끊어지고 통제의 성벽이 무너진다.

주님은 진정 나의 바위, 나의 요새이시니,
주님의 이름을 위하여 나를 인도해 주시고 이끌어 주십시오.

시편 31:3(새번역)

들숨

주님은 나의 바위,
나의 요새이시니,

날숨

주님이 나를 인도하고
이끌어주실 것을 믿습니다.

하나님은 당신의 길을 밝히신다

깊이 호흡하며 새겨라: 당신의 앞길이 아무리 캄캄해도,
하나님은 그 길을 밝히시고 당신을 인도하신다.

당신의 앞길이 흐릿한가? 큰 결정을 앞두고 염려하는가? 다음 걸음을 어떻게 내디뎌야 할지 모르겠는가? 당신의 인생길이 어디로 향하는지 불안한가?

두려움은 투쟁이나 도피나 경직 반응을 일으킨다. 우리는 때로 두려움 때문에 전진하지 못한다. 불확실성 때문에 얼어붙고, 불안 때문에 마비된다. 때때로 두려운 나머지 방향을 생각하지 않고 내달린다. 또는 불편을 최대한 빨리 벗어나려고 반대 방향으로 내달리기도 한다.

잠시 멈춰서, 당신이 마주하는 불확실성을 하나님께 맡겨라. 성경을 펴고, 다음 걸음을 내딛기 위해 하나님께 지혜를 구하라. 하나님의 말씀을 등불 삼아 걸어라. 결정을 피하고 싶거나, 생각 없이 내달리고 싶은 유혹이 일거나, 두려움에 얼어붙어 무엇을 해야 할지 모르겠다면, 속도를 늦추고 작은 한 걸음만 내디뎌보라. 그분의 말씀으로 한 번에 한 걸음씩 당신의 길을 밝히실 하나님을 신뢰하며, 믿음으로 한 걸음만 내디뎌라.

주께서 나의 등불을 켜심이여
여호와 내 하나님이 내 흑암을 밝히시리이다.

시편 18:28

들숨

주님의 말씀은 내 발의 등이며

날숨

주님이 나의 어둠을 밝히십니다.

하나님이 당신을 창조하셨다

깊이 호흡하며 새겨라: 하나님이 당신을 기묘하고 조화롭게 지으셨다.

하나님이 당신을 지으셨다. 감정을 비롯해 당신의 모든 부분을 지으셨다. 감정은 매일 주변에서 입력되는 감각을 처리하는 시스템의 일부다. 감정은 맞서 싸워야 할 적이 아니다. 감정은 주의를 기울여야 할 신호다.

때로는 그렇게 느껴질 수도 있으나, 불안은 단순히 “머릿속에만” 있는 것이 아니다. 다음에 불안을 느낄 때, 몸에서 일어나는 변화에 주목해 보라. 호흡이 가빠지는가? 심장이 요동치기 시작하는가? 얼굴이 붉어지거나, 땀이 나거나, 몸이 떨리는가? 이러한 신체 증상은 우연이 아니다. 그것들은 하나님이 의도적으로 당신을 지으신 방식의 일부다. 스트레스와 불안은 뭔가 어긋나 있다며 우리의 몸이 보내는 신호다. 속도를 늦추고, 마음을 그리스도께 맞추며, 그분의 말씀에 담긴 진리를 기억해야 한다는 신호다.

몸이 감정을 처리하는 방식에 주목하라. 이는 속도를 늦추고, 깊이 호흡하며, 초점을 다시 맞추라는 신호를 알아채는 데 도움이 된다. 즉, 그리스도께 다시 집중하고 당신의 마음을 그분의 마음에 맞추도록 돕는다.

주께서 내 내장을 지으시며 나의 모태에서 나를 만드셨나이다

내가 주께 감사하옴은 나를 지으심이 심히 기묘하심이라

주께서 하시는 일이 기이함을 내 영혼이 잘 아나이다.

시편 139:13–14

들숨

주님이
나의 내장을
지으셨으니

날숨

나를 심히
기묘하게
지으셨습니다.

기다릴 때, 하나님은 힘을 주신다

깊이 호흡하며 새겨라: 당신이 하나님을 기다릴 때,
하나님은 당신의 힘과 용기를 북돋우신다.

오늘, 무엇을 기다리는가?

일자리인가? 어떤 관계인가? 기도 응답인가?

치유를 기다리는가? 변화를 기다리는가? 그 어떤 구조를 기다리는가?

아픔이 수그러들거나, 폭풍이 걷히거나, 혹은 상황이 나아지길 기다리는가?

우리 인생의 많은 부분은 기다림의 계절 속에 있다. 기다림은 힘들다. 때때로, 기다림은 절대 끝날 것 같지 않다. 우리는 조급해지고, 일이 빨리 해결되길 바란다. 그러나 기다릴 때, 기적이 일어난다. 기다림의 시간은 절대로 낭비가 아니다. 우리가 기다릴 때, 하나님은 늘 일하시며 우리를 빚으시고 변화시키신다. 뒤돌아보고서야 알게 될 때가 많듯이, 어떤 것들은 멈추어 기다리는 인내의 계절에 가장 잘 자란다.

오늘, 기다림의 자리에 있다면, 하나님께 구하라. 당신이 인내심을 가지고 하나님을 기다리는 동안, 마음에 용기를 주시고 영혼에 힘을 주시길 기도하라.

너는 여호와를 기다릴지어다
강하고 담대하며 여호와를 기다릴지어다.

시편 27:14

들숨

주님, 내가 주님을 기다립니다.

날숨

내게 힘과 용기를 주십시오.

고난 가운데 평안을 누릴 수 있다

깊이 호흡하며 새겨라: 고난은 삶의 일부다. 그러나 고난을 지날 때, 이미 우리에게 최종 승리를 주신 분을 신뢰한다면 용기를 얻고 평안을 누릴 수 있다.

때로는 이런 생각이 든다. 믿음이 좀 더 있었거나 충분히 또는 바르게 기도했더라면, 모든 고난이 사라지고 모든 질병이 치유되어 더는 아등바등하지 않을 거라고. 그러나 하나님은 절대 이렇게 약속하지 않으셨다. 사실, 예수님은 우리가 고난을 겪고, 환난을 당할 것이라고 말씀하셨다. 그분의 약속은 고난 없는 삶이 아니라, 고난 가운데 우리와 함께하시고 우리에게 평안을 주시겠다는 것이다. 우리는 궁극적 평안을 누릴 수 있다. 그분이 이미 세상을 완전히 이기셨기 때문이다.

사실, 우리가 이 땅에서 완전한 치유를 경험하지 못할 수 있지만, 그분을 온전히 신뢰할 때만 얻는 평안을 누릴 수 있다. 하나님이 우리가 지금 겪는 어려움보다 크고 선한 이야기를 쓰고 계시며, 우리 삶의 모든 순간에 그분의 숨결을 불어넣으시고, 그 어떤 염려와 불안이 우리의 마음을 채우더라도 그분이 우리와 함께하시고 우리를 사랑하심을 알기 때문이다. 그분은 선하고 선하신 아버지다. 그분은 우리의 아픔 가운데서 우리와 함께하시고, 변하지 않는 사랑으로 우리의 염려를 덮으신다.

이것을 너희에게 이르는 것은 너희로 내 안에서 평안을 누리게 하려 함이라
세상에서는 너희가 환난을 당하나 담대하라 내가 세상을 이기었노라.

요한복음 16:33

들숨

내가 주님 안에서 평안을 누립니다.

날숨

주님이 세상을 이기셨습니다.

하나님은 당신의 낮과 밤을 붙드신다

깊이 호흡하며 새겨라: 하나님은 당신의 낮과 밤을
다정하고 부드러운 손으로 붙들고 계신다.

해와 달, 빛과 어둠, 일출과 일몰, 맑은 하늘과 폭풍 구름, 이 모두가 하나님의 것이다. 지구의 모든 자전, 태양을 도는 모든 공전, 모든 계절과 모든 혜성을 하나님이 주관하신다. 하나님이 이 모두를 지으셨다.

하나님은 창조 세계 전체를 손에 붙들고 우주의 모든 움직임을 조율해 섬세하고 아름다운 균형을 이루게 하시듯이, 당신의 가장 빛나는 낮들과 가장 어두운 밤들 속에서도 당신을 붙들고 당신의 삶을 조율해 그분의 선하심과 은혜를 아름답게 드러내신다.

우리는 어둠의 계절을 지날 때, 이것을 보기 쉽지 않을 수 있고, 모든 그림자를 다 이해하기도 어렵다. 그러나 하나님은 낮의 빛 가운데 계시며 주관하시듯이, 어둠 가운데도 계시며 주관하신다. 하나님은 자신이 무엇을 하는지 아시므로, 당신은 그분을 신뢰할 수 있다.

이 기도를 드릴 때, 당신의 낮뿐 아니라 밤도 붙드시는 분을, 삶의 모든 순간에 당신을 붙들고 계시는 분을 기억하라. 그분은 절대로 손을 놓지 않으신다. 그러므로 당신은 평안히 숨 쉴 수 있다.

낮도 주의 것이요 밤도 주의 것이라
주께서 빛과 해를 마련하셨으며

시편 74:16

들숨

낮도 주님의 것이요

날숨

밤도 주님의 것입니다.

하나님은 등을 돌리지 않으신다

깊이 호흡하며 새겨라: 하나님은 약속하신다. 당신이 얼마나 멀리 달아났었든,
얼마나 오래 떠나 있었든, 얼마나 심하게 길을 잃었든,
오늘 그분께 돌아오면 당신에게 등을 돌리지 않으시겠다고 하신다.

우리는 날마다 돌아선다. 늘 예수님을 향해 돌아서거나 예수님에게서 돌아선다. 중간은 없다.

그리스도를 따르려면, 그분을 향해 돌아서서 그분께 초점을 맞춰야 한다. 마치 운전할 때처럼, 시선을 다른 데 두면 길을 벗어나 우리가 한눈파는 방향으로 엇나갈 것이다.

오늘, 그리스도께 시선을 고정하라.

혹시 초점을 잃거나, 시선이 흩어지고 걱정하기 시작하거나, 표류하거나 물에 빠지는 느낌이 들거나, 길을 잃게 되더라도, 이 영광스러운 소망을 붙잡아라. 당신은 다시 그분을 향해 돌아설 수 있으며, 그분은 언제나 바로 거기 계시며 당신을 붙잡아 주려 기다리신다.

두려움이나 염려가 하나님을 향해 돌아서는 당신을 막지 못하게 하라. 하나님은 당신의 모든 두려움을 이미 아시며, 당신을 사랑하신다. 하나님은 당신을 붙잡아 주려 하신다. 당신을 구해주려 하신다. 오늘 그분을 향해 돌아서라고 하신다.

오늘, 하나님을 향해 돌아서기 위해 내디딜 수 있는 작은 걸음은 무엇인가?

너희 하나님 여호와는 은혜로우시고 자비하신지라. 너희가 그에게로
돌아오면 그의 얼굴을 너희에게서 돌이키지 아니하시리라. 역대하 30:9

들숨

주님은 은혜로우시고
자비하시니,

날숨

내가 주님께로 돌아서면
주님은 나를 외면하지
않으십니다.

하나님의 말씀은 당신의 소망이다

깊이 호흡하며 새겨라: 하나님의 말씀은 당신의 소망의 근원이다.

이 책에 실린 호흡 기도들은 성경에 뿌리를 두고 있다. 하나님의 말씀에 변하지 않는 소망이 있기 때문이다. 성경은 하나님을 아는 지식의 원천이다. 성경에서 우리는 하나님의 성품과 약속을 배우고, 하나님의 선하심과 은혜를 배운다. 하나님의 말씀은 원수가 쏜 두려움의 화살이 우리를 향해 날아올 때 하나님이 우리의 방패이심을 깨닫게 하고, 고난의 폭풍이 거칠게 몰아칠 때 하나님이 우리의 은신처이심을 상기시켜 준다. 하나님의 말씀은 우리에게 소망을 준다. 어둠의 날들이 이야기의 끝이 아니고, 오늘의 염려가 영원히 지속되지 않을 것이며, 우리에게는 우리의 두려움보다 큰 소망이 있다는 것이다.

오늘, 무엇이 당신의 삶을 무겁게 짓누르는가? 마음을 그분의 말씀으로 채우고, 그분의 진리를 붙잡으며, 오늘 무슨 일이 닥치더라도 그분의 말씀으로 당신의 방패와 은신처를 삼아라.

주님은 나의 은신처요, 방패이시니,

주님께서 하신 약속에 내 희망을 겁니다.

시편 119:114(새번역)

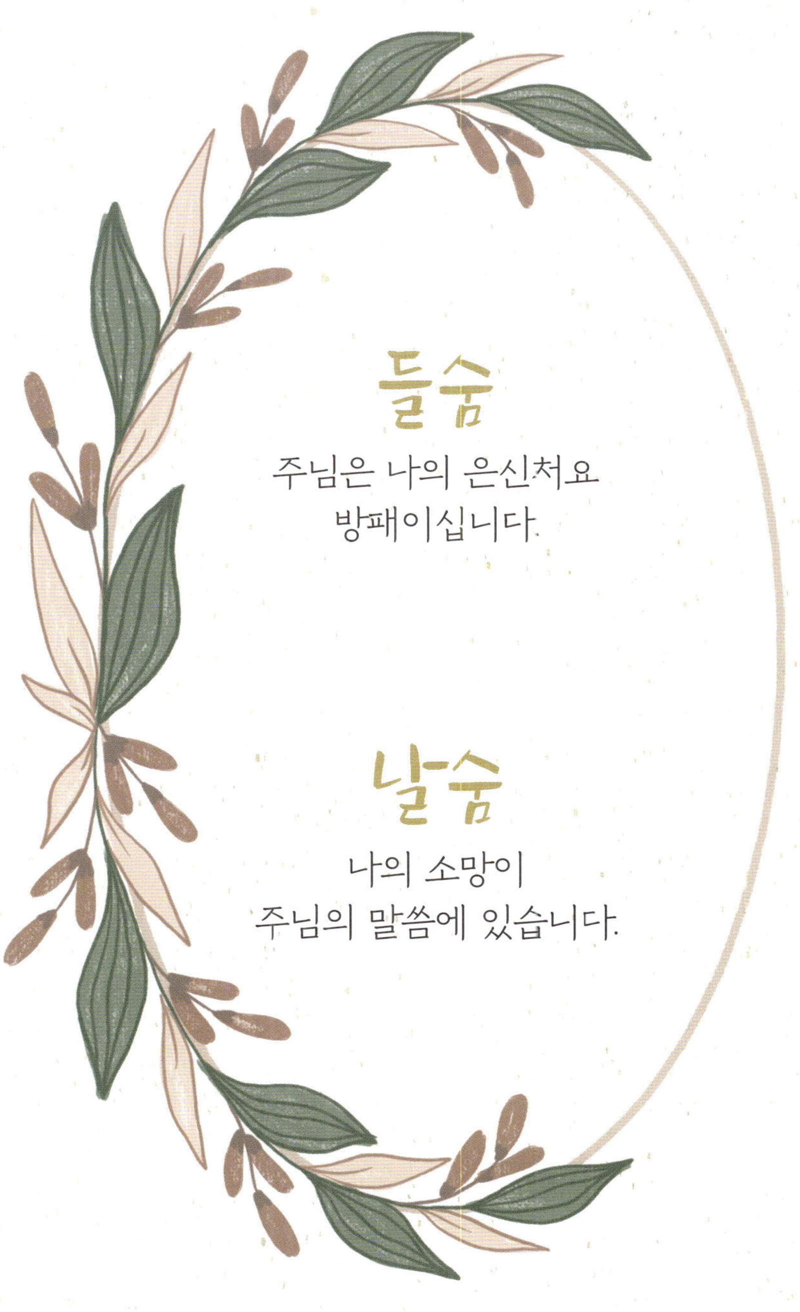

들숨

주님은 나의 은신처요
방패이십니다.

날숨

나의 소망이
주님의 말씀에 있습니다.

하나님은 마음을 다해 신뢰할 수 있는 분이다

깊이 호흡하며 새겨라: 하나님은 신뢰할 수 있는 분이다.

하나님을 신뢰하고 의지하는 법을 배울 때,

하루하루 살아가는 방식이 달라지고 염려가 평안으로 바뀔 수 있다.

"너의 진리를 따라 살아라." "네가 옳다고 느끼는 대로 하라." "네 마음을 따르라."

이런 말들이 친숙하게 들리는가? 이 메시지들은 오늘날 문화에 스며들어 우리가 보고 듣는 영상과 음악, 소셜 미디어들을 가득 채우고 있다.

아주 그럴듯하게 들린다. 세상은 각자 자신의 길을 가고, 자신의 진리를 살아내는 것이 진정한 행복에 이르는 길이라고 끊임없이 말한다.

그러나 예수님을 따르는 우리는 참 기쁨과 평안이 실제로 언제 찾아오는지 안다. 자신의 이해에 기대길 그칠 때, 자신의 방법을 내려놓고 자신의 진리에 집착하길 그치며 자신의 마음을 신뢰하길 멈출 때, 모든 것을 하나님께 내어 맡기고 모든 삶에서 그분을 신뢰할 때, 참 기쁨과 평안이 찾아온다.

당신의 삶에서 어떤 부분이 불안이나 스트레스나 염려를 일으키는가? 내려야 할 결정이 있는가? 슬픔이나 상실이 당신의 나날에 그림자를 드리우는가? 이러한 상황에서 하나님을 참으로 온전히 신뢰하는가, 아니면 자신이 이해할 수 있는 만큼만 신뢰하는가? 하나님의 지혜와 그분의 영원한 진리를 의지하라. 그러면 앞을 향해 나아갈 길을 찾을 수 있을 것이다. 하나님은 당신이 신뢰할 수 있는 분이다.

너는 마음을 다하여 여호와를 신뢰하고 네 명철을 의지하지 말라. 잠언 3:5

들숨

주님,
내가 마음을
다하여

날숨

주님을
신뢰합니다.

하나님은 당신의 영을 새롭게 하신다

깊이 호흡하며 새겨라: 하나님은 신실하시며 용서하신다.

오늘, 당신의 마음은 어떤가? 붙들고 있는 죄가 있는가? 수치심과 죄책감을 떨쳐내려 발버둥 치는가? 그 어떤 것이 당신과 하나님의 관계를 방해하는가?

당신의 영은 어떤가? 불안하거나 화가 나는가? 주변 사람들을 어떻게 대하는가? 지금과 달리, 당신의 영이 어떠했으면 좋겠는가?

무엇이든 당신이 부여잡은 것을 하나님께 내어드리고, 당신을 얽매고 있는 그 어떤 죄든 회개하라. 그러면 하나님이 당신의 마음과 영에서 일하시며 사랑이 넘치는 은혜로 당신을 새롭게 하실 것이다. 하나님은 당신에게 깨끗한 마음을 주실 수 있고, 당신을 죄책감과 수치심의 사슬에서 자유하게 하실 수 있다. 당신은 무거운 짐을 내려놓고, 하나님이 신실하고 용서하는 분이심을 알기에 깊이 호흡할 수 있게 될 것이다. 오늘 하나님은 마음과 영으로 그분을 신뢰하라고 당신을 초대하고 계신다.

하나님이여 내 속에 정한 마음을 창조하시고

내 안에 정직한 영을 새롭게 하소서.

시편 51:10

들숨

내 속에 정한 마음을 창조하시고

날숨

내 안에 정직한 영을 새롭게 하소서.

하나님의 말씀은 당신이 기억하도록 돕는다

깊이 호흡하며 새겨라: 마음을 채운 하나님의 말씀은
위로와 힘의 강력한 원천이다.

나의 숱한 버둥거림은 하나님이 나를 위해 이미 행하신 일을 잊은 데서 시작된다. 앤 보스캠프는 이것을 "영혼의 건망증"이라 부르는데, 나는 아무래도 만성 환자가 아닐까 싶다. 감정에 사로잡혀 진리를 보지 못하고, 두려움에 짓눌려 하나님의 약속을 믿지 못하며, 삶에서 꼬리를 물고 일어나는 폭풍에 흔들려 하나님의 선하심과 사랑을 의심한다. 당신도 공감하는가?

이러한 "영혼의 건망증"의 치료법은 기억하려는 의도적 행위다. 이것은 진리를 잊지 않으려고 하나님의 말씀을 마음에 간직하는 것이다. 이렇게 하면, 하루를 살아가는 방식과 이생의 폭풍을 대하는 방식에서 하나님을 높일 수 있다. 성경을 암송하는 것은 하나님이 행하신 선한 일과 베푸신 은혜를 기억하기 위해서다. 하나님의 말씀은 우리가 무엇을 해야 하는지 기억하도록 돕는다. 우리는 무릎을 꿇고, 그분의 말씀을 펼치며, 그분의 이름을 찬양하고, 우리의 죄를 회개하며, 선한 것을 구하고, 그분의 은혜를 헤아리며, 그분의 약속을 신뢰해야 한다.

암송은 뇌에 강력한 신경회로를 새겨 스트레스나 고난의 때에 하나님의 약속을 더 쉽게 기억하게 돕는다. 하나님의 말씀을 마음에 간직하는 과정을 시작하고 싶다면, 이 책의 호흡 기도들이 훌륭한 출발점이 되어줄 것이다.

내가 주님께 범죄하지 않으려고,
주님의 말씀을 내 마음속에 깊이 간직합니다. 시편 119:11(새번역)

들숨

주님의 말씀으로

날숨

나의 마음을 채워주십시오.

하나님은 당신의 모든 것을 아신다

깊이 호흡하며 새겨라: 하나님은 당신의 모든 것을 이미 아시며, 당신을 사랑하신다.

우리 가운데 많은 사람이 마음의 벽을 쌓는다. 다른 사람이 나의 본모습을 보지 못하게 막기 위해서다. 누군가 내 안을 들여다보고 진짜 모습을 보면 그런 나를 좋아하지 않을까 봐 걱정한다. 그래서 벽을 점점 높이 쌓아 사람들이 접근조차 못 하게 막는다. 수치심과 불안 때문에, 자신의 약함을 드러내길 두려워한다. 그래서 우리는 자신이 아무 문제 없는 것처럼, 모든 것을 다 아는 것처럼, 자신이 바라는 만큼 멋지고 완벽한 것처럼 행동하는 데 능숙하다.

그러나 불안하고 두려워 다른 사람들을 차단할 수는 있어도 하나님을 피해 숨을 수는 없다.

하나님은 이미 당신을 아신다. 당신의 모든 것을 아신다. 하나님은 당신의 마음 구석구석을 모두 보신다. 당신의 영혼 깊은 곳까지 다 아신다. 그래서 어떻게 하실 것 같은가? 하나님은 당신을 온전하고 완전하게 사랑하며 받아들이신다. 당신은 아무것도 하나님께 숨길 수 없다. 당신이 한 일, 혹은 하게 될 어떤 일에도, 하나님은 놀라지 않으신다. 하나님은 당신의 모든 것을 이미 아신다. 그러므로 하나님은 무엇이 당신에게 가장 좋은지 아시며, 당신이 신뢰할 수 있는 분이다.

오늘, 마음 가장 깊은 곳을 하나님께 열어드리고, 가장 불안하고 두려운 부분까지도 그분께 믿고 맡겨라. 하나님은 당신이 마음을 다해 신뢰할 수 있는 분이다. 하나님은 당신을 사랑하신다.

들숨

주님이 나를 샅샅이
살펴보셨으니,

날숨

나를 환히 알고 계십니다.

주님, 주님께서 나를 샅샅이 살펴보셨으니,

나를 환히 알고 계십니다.

시편 139:1 (새번역)

하나님은 당신의 힘이다

깊이 호흡하며 새겨라: 당신의 몸이 고통당하더라도 당신의 영혼은 강할 수 있다.
당신의 능력의 원천이신 하나님이 절대로 당신을 떠나지 않으신다.
하나님은 영원히 당신의 하나님이시다.

우리는 온갖 고통에 노출된 몸을 가지고 살아간다. 그래서 최대한 우리가 할 수 있는 모든 방법으로 몸을 돌보고 건강한 상태를 유지하려 애쓴다. 그러나 우리 몸의 모든 구석이 언젠가는 망가질 것이다.

하지만 우리의 몸이 망가지고 신경계가 제대로 작동하지 않더라도, 버둥대며 사느라 점점 약해지고 지치더라도, 우리의 영혼은 여전히 강할 수 있다. 우리의 힘은 환경이 아니라 하나님에게서 오기 때문이다.

바울은 고린도후서 4:16에서 이렇게 썼다. "우리의 겉사람은 낡아지나 우리의 속사람은 날로 새로워지도다." 영혼의 상태는 몸이 겪는 일에 달려 있지 않다. 당신이 어떤 질병을 앓더라도, 어떤 장애나 진단명을 받았더라도, 어떤 어려움을 안고 있더라도, 당신의 영혼은 날마다 번성하고 성장하며 새로워질 수 있다.

진실은, 내 몸이나 환경이 어떠하든, 내가 갈망하는 평안과 힘을 늘 누리며 얻을 수 있다는 것이다. 참 평안과 힘은 하나님께 있으며 시편 기자가 일깨우듯이 "하나님은…영원히 지속되는 내 몫"이기 때문이다(73:26, 우리말 성경).

내 몸과 내 마음은 다 쇠약해졌지만
오직 하나님께서 내 마음의 힘이요, 영원히 지속되는 내 몫입니다.

시편 73:26(우리말 성경)

들숨

주님은
내 마음의
힘이요

날숨

영원히
내 하나님
이십니다.

당신이 으스러질 때,
하나님은 가까이 계신다

깊이 호흡하며 새겨라: 당신은 홀로 고난받지 않는다.

당신이 으스러질 때 예수님이 곁에 계신다.

하나님은 당신의 고난 가운데 계신다. 당신은 홀로 고난받지 않는다.

당신이 깊고 깊은 어둠 속에서 헤맬 때, 깊고 깊은 수렁에서 씨름할 때, 고난의 꼭대기에서 어찌해야 할지 모를 때, 하나님이 거기 계신다. 하나님은 당신을 떠나지 않으시고, 당신을 버리지 않으시며, 당신을 포기하지 않으신다. 아무리 마음이 상하더라도, 아무리 영혼이 으스러지더라도, 당신은 오늘 하나님을 신뢰할 수 있다. 하나님은 보고 계시고 듣고 계신다. 하나님은 아시고 돌보신다.

예수님은 고난받는 것이 무엇인지, 상처 입고 멍들며 멸시받고 거부당하는 것이 무엇인지 아신다. 예수님은 채찍 맞은 어깨에 우리의 짐을 지시고, 못 박혔던 손으로 우리를 부드럽게 잡아주신다.

오늘, 어떤 가슴 아픈 일이 당신을 짓누르는가? 고통 속에서 홀로 부서진 것 같고, 그 아픔에서 놓여나길 간절히 바라는가? 예수님을 향해 돌아서라. 당신의 영혼이 으스러지더라도 그분은 가까이 계신다. 당신의 호흡보다 가까이 계신다.

주님은 마음이 상한 자 곁에 계시고,

으스러진 영혼을 구원하신다.

시편 34:18(NLT)

들숨

주님은 마음이 상한 자 곁에 계시고,

날숨

으스러진 영혼을 구원하십니다.

하나님은 당신에게 길을 보여주신다

깊이 호흡하며 새겨라: 당신은 지금 이 상황을 헤쳐나갈 길을 모를 수 있지만, 하나님은 아신다. 하나님 자신이 길이기 때문이다.

어떤 날들은 그냥 힘들다. 희망이라곤 없다고 느껴질 때, 어둠을 꿰뚫어 보기가 어렵고 앞으로 나아갈 길이 보이지 않는다. 그러나 어둠 속에서도, 우리는 기쁨을 찾을 수 있다. 하나님이 언제나 우리와 함께 계시며, 어떤 어려움이 우리를 에워싸더라도 하나님의 임재 안에 참 기쁨이 있기 때문이다.

하나님은 어둠 속에서도 길을 아신다. 하나님 자신이 어둠을 가르는 길이요, 우리의 길을 비추는 빛이기 때문이다. 하나님은 언제나 우리와 함께 계시며, 하나님의 임재 자체가 모든 상황에서 우리의 위로요 기쁨이다.

삶이 엉망진창이라 느껴지는 날에도, 힘들고 아프며 도대체 이것이 어떻게 "선할" 수 있는지 도무지 알 수 없을 때라도, 하나님은 일하길 멈추지 않으신다. 길을 내길 멈추지 않으신다. 당신을 사랑하길 멈추지 않으신다.

그러니 오늘 깊이 호흡하며 기억하라. 당신이 무슨 일을 만나더라도, 모든 것이 여전히 합력하여 당신에게 더없는 선을 이루고 그분에게 더없는 영광을 이룬다(롬 8:28).

주께서 내게 생명의 길을 보여 주시리니, 주의 임재에는 충만한 기쁨이 있고 주의 오른편에는 즐거움이 영원토록 있나이다.

시편 16:11(한글 킹제임스역)

들숨

나에게 생명의 길을
보여주시고,

날숨

주님의 임재의
기쁨을 주십시오.

모든 좋은 것은 하나님에게서 온다

깊이 호흡하며 새겨라: 삶에서 모든 좋은 것은 하나님이 주신 선물이다. 당신은 당신을 향한 하나님의 주권적 사랑을 신뢰할 수 있다.

잠시 멈추어, 당신이 하나님께 온전히 의존하고 있음을 인정해 보라.

하나님의 주권을 생각할 때, 당신은 위로를 얻는가 아니면 불안한가? 당신이 삶에서 모든 좋은 것을 하나님께 의존한다고 생각할 때, 기쁨을 느끼는가 아니면 두려움을 느끼는가? 대다수 사람은 어느 정도 통제권을 갖고 싶어 한다. 다시 말해, 자신의 하루하루가 어떻게 흘러가고 그 결과가 무엇일지 스스로 계획하며 조종하고 싶어 한다. 어쩌면 우리 마음 깊은 곳에서는, 충분히 노력하거나 좋은 일을 많이 하면 복을 받으리라고 믿고 있을지도 모른다. 그래서 뜻대로 되지 않거나 삶의 상황이 우리의 통제를 벗어나면, 마음에 불안과 두려움과 염려가 가득해진다.

그러나 처음부터 끝까지 하나님이 주관(통제)하심을 인정하면, 하나님이 선하시고 우리를 사랑하심을 믿으면, 우리는 모든 것을 어떻게든 통제하려 할 필요가 없어지고, 무슨 일을 만나든지 평안을 누릴 수 있다.

삶의 모든 조각을 선하시고 사랑이 넘치는 하나님의 선물로 볼 때, 우리의 하루하루는 모두 기쁨의 기회가 된다.

여호와는 나의 주시므로 주를 떠나서는

내가 아무것도 좋은 것을 가질 수 없다고 주께 말하였습니다.

시편 16:2(현대인의 성경)

주님은 나의 주님이시니

날숨

주님을 떠나서는
내가 아무것도 좋은 것을
가질 수 없습니다.

당신은 그리스도 안에서 안전하다

깊이 호흡하며 새겨라: 당신의 삶은 그리스도 안에서 안전하다.
당신은 이제 죄의 사슬에 묶여 있지 않다. 해방되었기에
믿음으로 살 수 있으며, 그리스도 안에서 사랑받으며 안전하다.

오늘 마음에 새길 정말로 좋은 소식이 있다. 예수님이 당신을 너무나 사랑하셔서 당신을 위해 자신의 생명을 내어주셨다. 그분은 당신에게 새 생명을 주려고 죽으셨고, 장사되셨으며, 다시 살아나셨다. 그리스도를 믿는다면, 그리스도 없이 죽었던 당신의 영혼은 이제 그분의 구원의 새 숨결을 통해 살아났다. 당신의 죄가 용서되었다. 당신은 해방되었다. 성령께서 이미 시작하셨다. 허물어진 모든 것을 다시 세우시고, 깨진 모든 것을 다시 만드시며, 잃어버린 모든 것을 회복하시고, 당신을 죄에 옭아맨 사슬을 끊으시며, 모든 것을 아름답고 새롭게 하신다!

더는 두려움이나 수치심에 매어 살지 않아도 된다. 이제 당신을 구원하신 분이 당신을 붙드시고 사랑의 손으로 안전하게 돌보심을 신뢰하며 믿음의 인도를 따라 살 수 있다. 그 어떤 염려도, 그 어떤 두려움도, 그 어떤 어려운 일도, 그 어떤 캄캄한 날도 하나님이 행하신 일을 되돌리거나 당신을 향한 그분의 사랑을 바꿀 수 없다. 오늘뿐 아니라 영원히.

내가 그리스도와 함께 십자가에 못 박혔나니 그런즉 이제는 내가 사는 것이
아니요 오직 내 안에 그리스도께서 사시는 것이라. 이제 내가 육체 가운데 사는
것은 나를 사랑하사 나를 위하여 자기 자신을 버리신 하나님의 아들을 믿는
믿음 안에서 사는 것이라. 갈라디아서 2:20

들숨

나는 주님을 믿는 믿음 안에서 삽니다.

날숨

주님이 나를 사랑하사 나를 위해
자신을 버리셨습니다.

낙심될 때, 하나님은 당신의 소망이다

깊이 호흡하며 새겨라: 낙심은 기회다. 하나님을 기억할 기회이고, 하나님이 행하신 모든 일을 기억할 기회이며, 하나님은 아직 끝내지 않았셨음을 당신의 영혼에게 일깨울 기회다.

때로는 주변 세상은 춤을 추는 듯한데, 내게는 노랫소리가 들리지 않는다. 나 빼고 모두 행복한 삶의 빠른 리듬에 맞춰 춤을 추는 듯한데, 나는 그 리듬을 도무지 따라가지 못한다. 내 영혼의 어두운 계절에는 느리고 무거운 고난의 박자가 하루하루의 리듬이 된다. 만성 통증이 있거나 마음에 병이 있는 사람이라면 공감할 것이다. 고난이 오래 지속되거나 상처가 더디 치료될 때, 치유를 구하는 기도가 우리의 바람대로 응답되지 않을 때, 낙담은 너무 쉽게 찾아온다.

이럴 때, 하나님을 기억해야 한다. 하나님의 임재를, 하나님의 선하심을, 하나님의 사랑을 기억해야 한다. 그분께로 시선을 돌리도록 우리의 마음을 훈련해야 한다. 잔인한 낙심의 북소리가 울릴 때, 우리는 승리의 합창이 터져 나올 때까지, 하나님이 우리를 붙잡고 모든 고난의 소절을 지나신다는 것을 기억해야 한다. 하나님은 여전히 당신의 이야기를 쓰고 계시며, 그 어떤 것도 헛되지 않다. 모든 것이 합력하여 마침내 하나님의 선하심과 영광을 노래하는 아름다운 곡이 되어가고 있다.

나의 하나님, 내가 깊이 낙담했으나
주님을 기억하겠습니다.

시편 42:6(NLT)

들숨

내가 깊이
낙담했으나

날숨

주님을
기억하겠습니다.

하나님께 해답이 있다

깊이 호흡하며 새겨라: 당신은 무엇을 해야 할지 늘 알지는 못할 테지만,
이것을 늘 아시는 분을 향해 시선을 돌릴 수는 있다.

때때로, 삶에서 마주하는 상황이 우리가 어찌할 수 없을 만큼 커 보인다. 거대하고 강력한 군대처럼, 우리가 마주하는 난관과 어려움이 난공불락처럼 보인다. 당신은 무엇을 해야 할지 모를 때 어떻게 하는가? 문제가 너무 크고 두려움이 너무 강해 보일 때 어떻게 하는가?

이 모든 것보다 크고 강하신 분에게로 시선을 돌려야 한다. 우리를 사랑하시고 잡아주시며 길이 보이지 않을 때도 길을 만드시는 분을 향해 시선을 돌려야 한다. 그분은 불가능한 일을 가능케 하시는 분이다. 우리의 불가능한 상황은 실제로 기회다. 그분을 향해 돌아서고, 그분을 신뢰하며, 그분만 하실 수 있을 일을 그분이 하시는 모습을 지켜볼 기회다. 그러나 먼저 우리는 시선을 군대, 곧 우리 앞에 놓인 정말 그 버거운 현실에서 돌려 온전하고 흔들림 없이 하나님께 고정해야 한다.

오늘, 어떤 크고 불가능한 일을 마주하는가? 무엇을 해야 할지 몰라도 괜찮다. 그저 시선을 그리스도께 고정하고 그분의 인도를 따르라.

우리를 치러 오는 이 큰 무리를 우리가 대적할 능력이 없고
어떻게 할 줄도 알지 못하옵고 오직 주만 바라보나이다.

역대하 20:12

들숨

내가 무엇을 해야 할지 알지 못하지만,

날숨

나의 시선을 주님께 고정합니다.

하나님의 길은 더 높다

깊이 호흡하며 새겨라: 당신이 이해하지 못할지라도,
하나님은 자신이 무엇을 하는지 아신다. 하나님은 신뢰할 수 있는 분이다.

우리가 펜을 들고 있다면, 우리의 이야기를 다르게 쓸 것이다. 유쾌하지 않은 특정 부분은 편집하거나 좀 더 배우고 성장해야 하는 부분은 건너뛸 것이다. 그러나 하나님의 길은 우리의 길과 다르며, 하나님의 생각은 우리의 생각과 다르다.

하나님의 길을 이해하려 애쓰는 것은 바닷물 한 방울을 살펴 대양 전체를 설명하려 애쓰는 것과 다르지 않다. 우리가 볼 수 없는 것이 너무 많고, 알 수 없는 것이 너무 많으며, 하나님이 우리를 위해 예비해 두신 것이 너무나 많다. 얼굴을 맞대고 그분을 뵐 때에야 비로소 이것들을 이해할 수 있을 것이다.

그러므로 상황이 이해되지 않을 때, 답보다 질문이 많을 때, 하나님이 무엇을 하시는지 이해되지 않을 때, 기억하라. 하나님이 당신보다 훨씬 멀리 보시며, 하나님의 생각은 당신의 생각보다 훨씬 높다. 하나님의 길을 절대로 완전히 이해하지 못할 테지만, 그래도 괜찮다. 믿어라. 하나님의 길은 당신에게 선하며, 당신을 그분께 더 가까이 이끌고, 당신을 더욱 거룩하게 한다.

이는 내 생각이 너희의 생각과 다르며 내 길은 너희의 길과 다름이니라.
여호와의 말씀이니라. 이는 하늘이 땅보다 높음 같이
내 길은 너희의 길보다 높으며 내 생각은 너희의 생각보다 높음이니라.

이사야 55:8–9

들숨

주님의 생각은
나의 생각과 다르며,

날숨

주님의 길은
나의 길보다 높습니다.

하나님은 흔들리실 수 없다

깊이 호흡하며 새겨라: 변하지 않으시는 하나님이 당신 바로 곁에 계시며,
당신을 안전하고 흔들리지 않게 지켜주신다.

하나님은 우리의 고난에 대한 구체적 시간표를 약속하지 않으시며, 우리가 고통이나 아픔을 겪지 않게 하겠다고 약속하지 않으신다. 그러나 하나님은 그분의 임재를 약속하신다. 하나님은 우리에게 쉼을 주겠다고 약속하신다. 하나님은 우리를 위로하실 것이다. 우리가 고난을 다 통과했을 때가 아니라 고난의 한가운데 있을 때 그렇게 하실 것이다. 당신을 에워싼 힘든 상황이 달라지지 않더라도, 하나님은 당신에게 평안을 주실 수 있다. 하나님은 내면에서부터 당신을 달라지게 하실 수 있기 때문이다. 삶이 시시각각 변하는 모래 언덕 같을 때라도, 당신은 하나님의 평안을 알 수 있다. 하나님은 늘 동일하시기 때문이다.

하나님의 성품은 한결같다. 하나님은 선하시고, 긍휼하시며, 은혜로우시고, 신실하시며, 사랑이 넘치시고, 공의로우시며, 거룩하시고, 오래 참으시며, 인자하시고, 자비로우시며, 지혜로우시다. 세상에서 일어나는 그 무엇도, 삶에서 일어나는 그 무엇도, 과거나 현재나 미래의 그 무엇도, 하나님의 성품을 바꿀 수 없다.

당신의 믿음은, 시시각각 변하는 환경의 모래 위가 아니라 변하지 않는 하나님의 성품에 뿌리내렸다면, 세상이 요동칠 때라도 흔들리지 않을 수 있다.

내가 여호와를 항상 내 앞에 모심이여 그가 나의 오른쪽에 계시므로
내가 흔들리지 아니하리로다 이러므로 나의 마음이 기쁘고 나의 영도
즐거워하며 내 육체도 안전히 살리니. 시편 16:8–9

들숨

주님이 늘 나와
함께하시니

날숨

내가 흔들리지
않을 것입니다.

들숨

주님이 나의
오른쪽에 계시니

날숨

내가 안전합니다.

당신은 평안히 잠들 수 있다

깊이 호흡하며 새겨라: 하나님이 함께하시기에, 당신은 안전하게 잠들 수 있다.

잠드는 것이 두려울 때가 있는가? 생각이 복잡하고 수많은 걱정이 머릿속에 가득해 잠들기 어려운가? 불면증은 불안의 아주 일반적인 증상이다. 주위가 온통 고요하고 캄캄할 때, 불안한 생각을 떨치기 어려울 수 있다. 어떤 사람들에게는 하루 중에 밤이 가장 외롭고 무서운 시간일 수 있다.

우리는 잠들어 있을 때 취약하다. 삶의 맹공을 막아낼 수 없는 상태가 된다. 그러나 우리의 몸은 자연스럽게 활동을 멈추고 쉴 시간이 필요하다. 하나님은 의도적으로 우리에게 잠이 필요하도록 만드셨다. 우리가 매일 몇 시간은 통제 욕구를 내려놓고, 하나님이 우리를 안전하게 지켜주신다는 사실을 믿도록 하신 것이다.

이 기도는 잠자리에 들 때 유익한 호흡 기도다. 깊이, 천천히 호흡하라. 호흡의 리듬에 주의를 기울여라. 손을 배에 올려놓고 호흡 때마다 배가 팽창하는 것을 느껴보라. 이 기도로 기도하며, 자신의 영혼에게 하나님이 당신과 함께하시며 당신을 안전하게 지키실 수 있다는 사실을 들려줘라.

내가 평안히 눕고 자기도 하리니

나를 안전히 살게 하시는 이는 오직 여호와이시니이다.

시편 4:8

들숨

내가 평안히 자리니,

날숨

주님이 나를 안전하게
지켜주시기 때문입니다.

하나님은 길을 만드신다

깊이 호흡하며 새겨라: 오늘 무슨 일이 있을지 두려워할 필요가 없다.
당신은 길을 만드시는 분을 알며,
그분이 당신을 인도하실 것을 신뢰할 수 있기 때문이다.

예상을 전혀 엇나간 상황이나 계절의 한가운데 있는가? 지금 가는 길이 생각했던 것과 전혀 다른가?

상황이 우리 생각과 다르게 전개될 때, 기대는 실망으로 바뀔 수 있다. 미래에 대한 불확실함은 염려가 가득한 마음을 더욱 불안하게 만들 수 있다.

하나님을 신뢰한다는 말은 그분이 인도하고 길을 내실 것을, 앞길이 분명하지 않을 때라도 그렇게 하실 것을 믿는다는 뜻이다. 하나님의 마음을 신뢰할 때, 자신이 가진 것을 움켜쥐었던 손을 풀고 무엇이 주어지든 감사하게 받는 법을 배울 때, 그 어떤 평안이 찾아온다.

하나님은 당신을 사랑하신다. 무슨 일이 일어나든, 하나님은 당신과 함께하신다. 하나님이 주시는 것은 무엇이든 선물이다. 당신을 지으신 분이 주시는 은혜 위에 은혜이며, 선물 위에 선물이다. 당신을 사랑하시는 하나님이 당신을 그분의 마음에, 그분의 길에, 그분의 곁에 더 가까이 이끌기 위해서라면 무엇이든 하실 것이다.

주님의 공의로 나를 인도하여 주십시오.
내 앞에 주님의 길을 환히 열어 주십시오.

시편 5:8(새번역)

들숨

주님의 공의로
나를 인도하시고

날숨

내 앞에 주님의 길을
환히 열어 주십시오

하나님은 당신에게 새 힘을 주신다

깊이 호흡하며 새겨라: 하나님을 의지할 때 새 힘을 얻는다.

오늘 당신의 힘은 어떠한가? 영적으로 강하다고 느끼는가? 약하며 지쳤다고 느끼는가? 환경 때문에, 건강 때문에, 삶 때문에 닳고 닳았다고 느끼지는 않는가? 계속된 싸움에 힘이 바닥났는가?

이렇게 느끼는 피로는 뭔가 어긋났다는 신호다. 당신의 몸이나 영혼 또는 둘 다 어딘가 틀어졌다는 신호다. 오늘, 속도를 늦추고 당신의 마음을 하나님의 마음에 다시 맞추어 하나님께 새 힘을 얻어라. 피로라는 신체 증상이 사라지지 않더라도, 특히 만성 질환이나 그 어떤 질병과 함께 살더라도, 영혼은 여전히 강하고 새로워질 수 있다. 이러한 새로워짐의 첫걸음은 하나님을 향해 돌아서서 그분을 의지하는 것이다. 당신의 환경과 건강과 삶을 하나님께 맡기고 그분을 의지하라. 당신이 마주한 싸움을 하나님께 맡겨라. 오늘, 당신의 피로를 하나님께 맡기고, 그분의 말씀을 향해 돌아서며, 그분을 의지하고, 이로써 그분이 하신 약속의 진리가 당신의 마음과 생각을 새롭게 하게 하라.

여호와를 의지하는 사람은 새 힘을 얻으며,
독수리가 하늘 높이 솟아오르듯 올라갈 수 있다.
그러한 사람은 뛰어도 지치지 않으며, 걸어도 피곤하지 않을 것이다.

이사야 40:31(쉬운성경)

들숨

주님, 내가 주님을 의지합니다.

날숨

내게 새 힘을 주십시오.

기다림에 소망이 있다

깊이 호흡하며 새겨라: 기다리는 동안에도 언제나 소망이 있다.
하나님은 언제나 약속을 지키시는 분이기 때문이다.

기다림의 계절은 길고 힘들며 고통스러울 수 있다. 그러나 기다림의 시간은 허비되는 시간이 아니다. 하나님은 아무것도 허비하지 않으신다. 우리가 그분이 하시는 일을 보거나 이해할 수 없을 때라도, 하나님은 우리가 기다리는 동안 늘 일하고 계신다.

하나님은 우리의 주변 환경을 통해 일하실 뿐 아니라 우리 안에서도 일하시며, 우리가 기다리는 동안 우리를 준비시키고 빚으신다. 이 때문에, 우리는 늘 소망을 품을 수 있다. 티시 해리슨 워런(Tish Harrison Warren)은 말한다. "소망한다는 것은 '은혜를 빌린다'는 것이다. 소망은 순진한 낙관론이 아니다. 소망은 우리가 연약하다는 사실을 인정한다. 소망은 하나님이 나쁜 일이 하나도 일어나지 않게 해 주시리라고 믿는 것이 아니다. 그러나 소망은 우리 앞에 무엇이 가로 놓여 있어도 거기에 구속과 아름다움과 선함이 있다고 생각한다."[19] 기다릴 때, 하나님의 말씀은 우리의 소망이다. 하나님의 말씀은 그분이 우리와 함께하시며 언제나 약속을 지키신다는 사실을 기억하게 하기 때문이다.

오늘, 당신은 무엇을 기다리는가? 기다리는 동안, 소망의 뿌리를 하나님의 말씀에 두고, 하나님의 약속에서 평안을 얻길 바란다.

나 곧 내 영혼은 여호와를 기다리며
나는 주의 말씀을 바라는도다. 시편 130:5

들숨

주님, 내가 주님을
기다립니다.

날숨

나의 소망이
주님의 말씀에 있습니다.

하나님의 사랑은 변함이 없다

깊이 호흡하며 새겨라: 변함없고 신실한 하나님의 사랑이 매일 당신과 함께한다. 하나님이 당신에게 길을 보여주시리라 확신할 수 있다.

하나님의 사랑과 인자하심은 흔들리지 않으며 언제나 신실하다. 하나님은 당신을 사랑하신다. 당신이 그분을 따르기 때문이 아니다. 그분이 당신을 사랑하시기 때문이다. 그것이 전부다. 하나님은 인자하시다. 당신이 그분을 의지하기 때문이 아니다. 그분이 인자하시기 때문이다. 그것이 전부다. 하나님은 이런 분이다.

하나님의 사랑은 당신의 삶의 상황에 따라 달라지지 않는다. 하나님의 인자하심은 당신의 고통이나 고난으로 제한받지 않는다. 하나님은 당신의 고난 가운데서 당신과 함께하신다. 마지못해 계신 것도 아니고 어쩔 수 없이 함께하시는 것도 아니다. 하나님은 당신의 고난 속에 직접 들어오셔서, 친구로서 당신 곁에 계신다. 믿음은 어려운 일에도 불구하고 자라는 게 아니라, 어려운 일 때문에 자란다. 때로 가장 어두운 순간에 하나님의 임재가 가장 달콤하며, 가장 힘든 순간에 하나님의 사랑이 가장 부드럽게 다가온다.

오늘도 하나님은 당신을 사랑하신다. 그러므로 좋은 일, 힘든 일, 그 사이의 모든 것까지도 하나님을 의지할 수 있다. 오늘부터 신실한 하나님의 사랑을 기억하고 당신의 삶을 그분의 손에 맡겨라.

내가 주님을 의지하니, 아침마다 주님의 변함없는 사랑의 말씀을 듣게 해주십시오. 내 영혼이 주님께 의지하니, 내가 가야 할 길을 알려 주십시오.

시편 143:8(새번역)

들숨

주님의 변함없는 사랑의 말씀을

날숨

아침마다 들려주십시오.

들숨

나의 온 삶을 주님께 맡깁니다.

날숨

내가 가야할 길을 보여주십시오.

하나님은 당신의 모든 필요를 채우신다

깊이 호흡하며 새겨라: 하나님은 당신에게 호흡과 생명을 주신다. 그러므로 하나님이 당신의 모든 필요를 채우시리라 확신할 수 있다.

하나님의 숨결이 모든 생명의 원천이다. 태초에 하나님이 생명의 숨결을 사람에게 불어 넣으시자, 사람이 살아 있는 영이 되었다.

지금도 하나님의 숨결이 우리의 폐를 드나들며, 우리 몸의 모든 혈관을 따라 흐르고, 우리의 모든 장기와 세포에 생명을 준다.

하나님의 숨결이 당신에게 생명을 주며, 하나님의 숨결이 당신의 생명을 유지하고 있다.

하나님이 그분의 숨결로 생명을 지으실 수 있다면, 못하실 일이 있을까? 하나님이 말씀으로 별과 은하계를 창조하실 수 있고 이 아름다운 지구의 모든 것에 생명과 호흡을 주실 수 있다면, 오늘 당신의 그 어떤 필요인들 채우지 못하실 일이 있을까?

바로 지금, 숨을 들이마시며 하나님이 주신 생명의 선물을 기억해 보라. 하나님의 사랑과 선하심을 영혼 깊이 들이마셔라.

이제 당신의 염려와 두려움을 내쉬어라. 무엇이든 당신을 짓누르는 것을 내쉬고, 하나님이 당신의 모든 필요를 채우시리라 확신하며, 하나님의 숨결이 당신을 새로운 평안으로 채우게 하라.

그분은 친히 모든 것에 생명과 호흡을 주시고
모든 필요를 채우십니다. 사도행전 17:25(NLT)

들숨

주님은 모든 것에 생명과 호흡을 주시고,

날숨

나의 모든 필요를 채우십니다.

미주

1. Curt Thompson MD, *Anatomy of the Soul: Surprising Connections between Neuroscience and Spiritual Practices That Can Transform Your Life and Relationships*(Carol Stream, IL: Tyndale, 2010), xvii. 《영혼의 해부학》, 김소영 옮김(IVP, 2002).
2. 염려와 불안의 차이는 다음을 보라. "Worry and Anxiety: Do You Know the Difference?" *Henry Ford Health*, August 2020, www. henryford.com/blog/2020/08/the-difference-between-worry-and-anxiety.
3. Phillip Low MD, "Overview of the Autonomic Nervous System," *College of Medicine*, Mayo Clinic, Sept 2021, www.merckmanuals.com/home/brain,-spinal-cord,-and-nerve-disorders/autonomic-nervous-system-disorders / overview-of-the-autonomic-nervous-system.
4. Thompson, *Anatomy of the Soul*, 42.
5. 이 과정 전체에 관한 더 자세한 정보는 다음에서 찾을 수 있다. "Understanding the Stress Response," Harvard Health Publishing, Harvard Medical School, July 2020, www.health.harvard.edu/staying-healthy/understanding-the-stress-response.
6. "감정 뇌"(emotional brain)와 "사고 뇌"(thinking brain)라는 용어는 다음에서 빌려 왔다. "What Happens in the Brain When We Feel Fear," *Smithsonian Magazine*, October 2017, www. smithsonianmag.com/science-nature/what-happens-brain-feel-fear-180966992/.
7. Thompson, *Anatomy of the Soul*, 42.
8. 미주 신경(vague nerve)에 관한 이 정보는 다음에서 얻었다. "Understanding the Stress Response," *Harvard Health*, www.health.harvard.edu/staying-healthy /understanding-the-stress-response and "Everything you need to know about the vagus nerve," *Medical News Today*, www.medicalnewstoday. com/articles/318128 #What-is-the-vagus-nerve.

9. 이 정보는 다음에서 얻었다. Will Meek PhD, "The Difference Between Normal Anxiety and GAD," *Very Well Mind*, December 2020, www.verywellmind.com/the-difference-between-normal-anxiety-and-gad-1393143 and "Anxiety Disorders," National Institute of Mental Health, www.nimh.nih.gov/health/topics/anxiety-disorders.
10. "해체"(dis-integrated)라는 용어는 Thompson, *Anatomy of the Heart*, 184에서 빌려 왔다.
11. "호흡은 마음과 몸을 잇는 다리다"라는 표현은 다음에 나온다. "Breathing: An Introduction," *Dr. Weil*, www.drweil.com/health-wellness/body-mind-spirit/stress-anxiety/breathing-an-introduction/.
12. Thompson, *Anatomy of the Soul*, 29.
13. "Best Breathing Techniques for Relaxation and Pain Relief," *Psychology Today*, www.psychologytoday.com/us/blog/finding-new-home/202103/best-breathing -techniques-relaxation-and-pain-relief.
14. Christophe Andre, "Proper Breathing Brings Better Health," *Scientific American*, January 2019, www.scientificamerican.com/article/proper-breathing-brings -better-health/.
15. Xiao Ma, et al., "The Effect of Diaphragmatic Breathing on Attention, Negative Affect and Stress in Healthy Adults," *National Libraries of Medicine*, June 2017, www.ncbi.nlm.nih.gov/pmc/articles/PMC5455070/.
16. Ann Voskamp, *One Thousand Gifts* (Grand Rapids, MI: Zondervan), 65-66. 《나의 감사 연습, 하나님의 임재 연습》, 박종윤 옮김(사랑플러스, 2017).
17. "편도체 하이재킹"(amygdala hijacking) 개념은 다음에서 빌려왔다. Olivia Guy-Evans, "Amygdala Hijack and the Fight or Flight Response," *Simply Psychology*, www.simplypsychology.org/what-happens-during-an-amygdala-hijack.html.
18. Timothy Keller, *Prayer* (New York: Penguin, 2016), 101. 《팀 켈러의 기도》, 최종훈 옮김(두란노, 2015).
19. Tish Harrison Warren, *Prayer in the Night*(Downers Grove, IL: InterVarsity Press, 2021), 152. 《밤에 드리는 기도》, 백지윤 옮김(IVP, 2021).

제니퍼 터커Jennifer Tucker

믿음과 예술을 결합한 섬세한 작업으로 많은 독자에게 영적 위로와 아름다움을 전하고 있다. 2023년 ECPA 기독교 도서상 '올해의 신인 저자상'을 받은 베스트셀러 작가다. 또한 일러스트레이터이자 레터링 아티스트, 그래픽 디자이너로서 《The Message Canvas Bible》, 《New Mercies I See》, ECPA 베스트셀러 컬러링 북《Whatever Is Lovely》 등 여러 출판물에 작품을 실어 왔다.
현재 조지아 중부에서 남편 마크와 두 딸, 엠마와 릴리와 함께 살며, 예수님을 따르는 삶과 정신 건강 회복을 위한 여정을 진솔하게 나누고 있다. 그녀의 작품과 글은 Little House Studio에서 만나볼 수 있다.

옮긴이 **전의우**
연세대학교 철학과와 총신대학교 신학대학원을 졸업했다. 그에게 번역은 소명이자 목회이며 생업이다. 신학교를 졸업한 1993년부터 번역자로 외길을 걷고 있으며 200여 권을 우리말로 옮겼다. 추풍령 아래 김천에서 아내와 함께 살아가고 있다.